Sistemas y procesos logísticos

Sistemas y procesos logísticos

Mercedes Fernández Correas,
Sara Jiménez Jiménez
y Silvia López García

Paraninfo | ESPECIALIDADES FORMATIVAS

Paraninfo

© Autoras: Mercedes Fernández Correas, Sara Jiménez Jiménez y Silvia López García
© Ediciones Paraninfo, SA, 2025
1.ª edición, 2025

C/ Sierra de Guadarrama 35. Naves 2, 3, 4 y 5
Pol. Ind. San Fernando II,
28830 San Fernando de Henares
Teléfono: 914 463 350
clientes@paraninfo.es / www.paraninfo.es

Producción: Nacho Cabal Ramos
Diseño y maquetación: Eva Zuazua

ISBN: 978-84-283-6816-2
Depósito legal: M-6979-2025
(30.667)

Impreso en España
Printed in Spain
Liberdigital
(Casarrubuelos, Madrid)

La editorial recomienda que el alumnado realice las actividades sobre el cuaderno y no sobre el libro.

Este manual desarrolla la especialidad formativa denominada Sistemas y procesos logísticos. Con código COML022PO.

El objetivo general es identificar los elementos y procesos de recepción, reaprovisionamiento y preparación de pedidos de un almacén y sus costos. También identificar los riesgos laborales específicos en el almacén.

El libro responde fielmente al desarrollo curricular establecido en los 5 módulos formativos que integran el programa formativo:

Módulo 1: Sistema logístico.
Módulo 2: Procesos de recepción y distribución de mercancías.
Módulo 3: Procesos de reaprovisionamiento y gestión de stocks.
Módulo 4: Procesos de preparación de pedidos y distribución.
Módulo 5: Costos de almacenamiento.

El cómputo total de horas formativas es de 46.

Las unidades del libro se acompañan de multitud de **recursos didácticos** que ayudarán a la mejor comprensión de la materia de estudio:

- Desarrollo del currículo oficial.
- Lenguaje claro y sencillo que favorece la comprensión.
- Explicaciones exhaustivas y rigurosas, pero también amenas y asequibles.
- Gran cantidad de fotografías y tablas explicativas.
- Recuadros con información complementaria.
- Ejemplos reales para ilustrar los contenidos teóricos.
- Actividades finales de comprobación de tipo test en todas las unidades.

Este libro cuenta con el **solucionario** de las actividades incluidas en el libro al que puede accederse previo registro, desde la ficha web de este libro en www.paraninfo.es.

Solucionario disponible en
www.paraninfo.es

Presentación

Contenido

2. Procesos de recepción y distribución de mercancías

3. Procesos de reaprovisionamiento y gestion de *stocks*

Sistema logístico

Esta Unidad 1 ofrece una visión integral del sistema logístico, abarcando desde la concepción de la logística en la empresa hasta las diversas zonas y funciones de un almacén moderno. Se destaca la importancia estratégica del almacén, su diseño eficiente y la correcta clasificación y manejo de las existencias para optimizar la cadena de suministro y aumentar la eficiencia operativa.

Contenido

El sistema logístico de una empresa constituye el conjunto de actividades y procesos que se llevan a cabo para gestionar eficientemente el flujo de materiales, productos e información desde el proveedor hasta el cliente final.

En este sentido, la logística integral se concibe como una estrategia global que busca optimizar todas las etapas de la cadena de suministro, desde la adquisición de materias primas hasta la entrega del producto final al consumidor.

1.1. La concepción de la logística integral en la empresa

La logística integral es un enfoque estratégico que busca coordinar y optimizar todas las actividades relacionadas con la gestión de la cadena de suministro dentro de una empresa. En lugar de tratar cada función logística de manera aislada, la logística integral reconoce la interdependencia de estas actividades y busca integrarlas de manera eficiente para mejorar la eficacia y la rentabilidad de la empresa en su conjunto.

Este enfoque holístico implica una visión global de la cadena de suministro, desde la adquisición de materias primas hasta la entrega del producto final al cliente. Considera todas las etapas del proceso somo son:

- Planificación de la producción.
- Almacenamiento.
- Distribución.
- Transporte.
- Gestión de inventarios.
- Almacenamiento.
- Atención al cliente.

Figura 1.1. Conjunto de procesos.

La logística integral reconoce que una gestión eficaz de la cadena de suministro no solo implica la optimización de costos, sino también la mejora de la calidad del servicio y la satisfacción del cliente.

Esto significa que las empresas deben ser capaces de responder de manera ágil y eficiente a las demandas del mercado, minimizando los tiempos de entrega y garantizando la disponibilidad de productos en el momento y lugar adecuados.

Para implementar con éxito la logística integral, las empresas deben adoptar un enfoque colaborativo tanto internamente, entre los diferentes departamentos y funciones, como externamente, con proveedores, distribuidores y otros socios comerciales. La comunicación fluida y la coordinación entre todas las partes involucradas son fundamentales para garantizar una cadena de suministro eficiente y sin problemas.

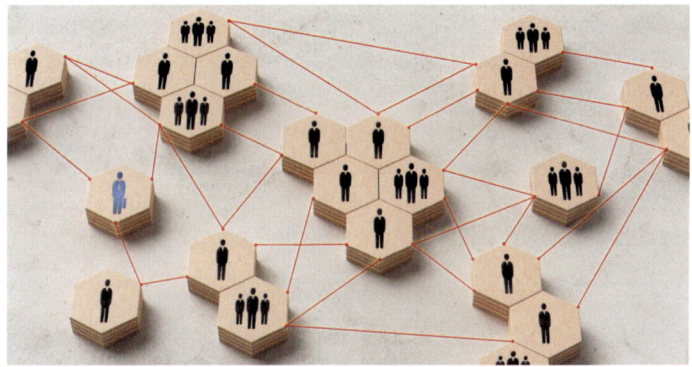

Figura 1.2. Redes de conexión.

1.2. Importancia estratégica del almacén

El almacén desempeña un papel fundamental en la cadena de suministro de una empresa y tiene una importancia estratégica clave en su funcionamiento global. Es el lugar donde se gestionan y almacenan los productos antes de su distribución a los clientes, y su eficaz operación puede marcar la diferencia entre el éxito y el fracaso de una empresa en un mercado altamente competitivo.

Figura 1.3. Centro logístico.

Algunos aspectos muy importantes y estratégicos que se deben tener en cuenta dentro de un almacén son:

- Gestión eficiente de inventarios (gestión de todas las existencias o *stock*).

  Uno de los aspectos más importantes de una buena estrategia del almacén es su papel en la gestión eficiente de inventarios. Un almacén bien organizado y gestionado permite a una empresa mantener niveles óptimos de inventario, minimizando los costos asociados con el almacenamiento y la obsolescencia de productos. Además, un control preciso de inventario garantiza la disponibilidad de productos en el momento adecuado, lo que mejora la satisfacción del cliente y fortalece la reputación de la empresa.

- Optimización de la cadena de suministro.

  El almacén actúa como un centro de distribución central en la cadena de suministro, facilitando el flujo de productos desde los proveedores hasta los clientes finales. Una gestión eficiente del almacén permite optimizar el transporte y la distribución de productos, reduciendo los tiempos de entrega y los costos asociados. Además, un almacén estratégicamente bien ubicado puede mejorar la flexibilidad y la capacidad de respuesta de la cadena de suministro, permitiendo a la empresa adaptarse rápidamente a cambios en la demanda del mercado.

- Mejora de la productividad y eficiencia operativa.

  Un almacén bien diseñado y equipado puede mejorar significativamente la productividad y la eficiencia operativa de una empresa. Mediante el uso de tecnologías avanzadas, como sistemas de gestión de almacenes (SGA o, en inglés, WMS) y automatización de almacenes, las empresas pueden optimizar los procesos de recepción, almacenamiento y preparación de pedidos, reduciendo los tiempos de ciclo y aumentando la capacidad de procesamiento. Además, una adecuada capacitación y motivación del personal del almacén puede mejorar la precisión y la velocidad de las operaciones, reduciendo los errores y los tiempos de inactividad.

- Diferenciación competitiva.

  En un entorno empresarial cada vez más competitivo, la capacidad de ofrecer un servicio excepcional al cliente puede marcar la diferencia entre el éxito y el fracaso. Un almacén bien gestionado puede proporcionar una ventaja competitiva significativa al garantizar una entrega rápida y confiable de productos, una precisión en los pedidos y una atención al cliente excepcional. Esto no solo ayuda a retenera los clientes existentes, sino que también puede atraer a nuevos clientes y fortalecer la posición de la empresa en el mercado.

- Adaptación a las tendencias del mercado.

  El almacén juega un papel crucial en la adaptación de una empresa a las tendencias del mercado y los cambios en la demanda de los clientes. Un almacén flexible y adaptable puede manejar fácilmente fluctuaciones estacionales en la demanda, así como cambios repentinos en las preferencias de los clientes. Además, la capacidad de utilizar el almacén como un centro de distribución múltiple puede ayudar a expandir el alcance geográfico de la empresa y llegar a nuevos mercados de manera más efectiva.

1.3. El concepto y función de los almacenes

Los almacenes desempeñan un papel fundamental en la gestión logística de una empresa. Su función principal es proporcionar un espacio físico seguro y adecuado para almacenar y gestionar los productos que forman parte de la cadena de suministro. Sin embargo, su importancia va más allá del simple almacenamiento de mercancías, ya que cumplen varias funciones clave que contribuyen al éxito operativo y comercial de la empresa.

FUNCIONES DE LOS ALMACENES:

1. **Almacenamiento de productos:** la función más básica de un almacén es proporcionar un lugar seguro y organizado para almacenar los productos en espera de su distribución. Esto implica la recepción, identificación, clasificación y colocación de los productos en ubicaciones específicas dentro del almacén, teniendo en cuenta factores como el tipo de producto, la rotación y la accesibilidad.

Figura 1.4. Interior del almacén.

2. **Gestión de inventarios:** los almacenes son responsables de mantener un registro preciso de los inventarios de productos almacenados. Esto incluye llevar un control de las existencias, gestionar los movimientos de entrada y salida de productos, y realizar inventarios físicos periódicos para verificar la exactitud de los registros. Una gestión eficiente de inventarios permite a la empresa optimizar sus niveles de *stock* y minimizar los costos asociados con el almacenamiento y la obsolescencia de productos.

3. **Procesar y preparar pedidos:** los almacenes son el punto de origen para la preparación y expedición de pedidos. Esto implica la selección de productos, el empaquetado adecuado y la preparación de la documentación necesaria para su envío. Una eficiente gestión de la preparación de pedidos permite a la empresa cumplir con los plazos de entrega y satisfacer las expectativas de los clientes en términos de calidad y precisión.

Figura 1.5. Preparación de pedidos con carro.

4. **Facilitar la distribución:** los almacenes actúan como centros de distribución desde donde se envían los productos a los clientes finales, a otras ubicaciones de la empresa o a terceros. Esto implica coordinar y gestionar los procesos de carga, descarga y transporte de productos, así como garantizar la integridad y seguridad de los envíos durante el tránsito.

5. **Soporte a la producción:** en algunas empresas, los almacenes también desempeñan un papel importante en el soporte a la producción, proporcionando materiales, componentes o productos semiacabados a las líneas de producción según sea necesario. Esto requiere una planificación y coordinación efectivas entre el almacén y el departamento de producción para garantizar un flujo continuo de materiales y evitar interrupciones en la cadena de suministro.

Figura 1.6. Producción del artículo.

1.4. Estructura del almacén: tipos, funciones y zonas

Los almacenes desempeñan un papel fundamental en la gestión logística de una empresa, ya que son el centro de almacenamiento y distribución de productos. La estructura de un almacén incluye una variedad de tipos, funciones y zonas que deben diseñarse cuidadosamente para optimizar el flujo de productos y garantizar una operación eficiente. A continuación, se detallan las principales clasificaciones de la estructura del almacén.

1.4.1. Tipos de almacenes

Aunque existen diferentes tipos de clasificaciones de almacenes atendiendo a diferentes aspectos, vamos a enumerar la clasificación más básica de almacenes.

- Según la propiedad:
  - Almacenes propios:

    Descripción: son aquellos que pertenecen a la propia empresa que los utiliza.

    Ventajas: mayor control sobre las operaciones, adaptación a necesidades específicas.

    Desventajas: requieren una alta inversión inicial y costos de mantenimiento.

  - Almacenes de terceros:

    Descripción: son operados por empresas especializadas en servicios de almacenamiento.

    Ventajas: reducción de costos fijos, flexibilidad en el espacio y capacidad.

    Desventajas: menor control sobre las operaciones y posible dependencia de terceros.

- Según el tipo de material almacenado:
  - Almacenes de materias primas:

    Descripción: almacenan materiales básicos que serán utilizados en procesos de producción.

    Importancia: garantizan el suministro continuo de materias primas para evitar interrupciones en la producción.

  - Almacenes de productos en proceso:

    Descripción: almacenan productos que están en proceso de fabricación.

    Importancia: facilitan la gestión y organización de la producción en etapas.

— Almacenes de productos terminados:

Descripción: almacenan productos listos para su venta o distribución.

Importancia: aseguran que los productos estén disponibles para su entrega a clientes o distribuidores.

— Almacenes de productos auxiliares

Descripción: almacenan productos que no forman parte del producto final pero son necesarios para la producción (ej.: herramientas, repuestos).

Importancia: aseguran la disponibilidad de materiales auxiliares para el mantenimiento y soporte de la producción.

- **Según el nivel de automatización:**
    - Almacenes manuales

    Descripción: todas las operaciones de almacenamiento, manipulación y control se realizan manualmente.

    Ventajas: flexibilidad y adaptabilidad a diferentes tipos de productos.

    Desventajas: mayor dependencia de la mano de obra, mayor riesgo de errores humanos.

    - Almacenes semiautomáticos

    Descripción: combinan operaciones manuales con tecnologías automatizadas para mejorar la eficiencia.

    Ventajas: mejor eficiencia y precisión que los almacenes manuales, reducción de errores.

    Desventajas: requiere inversión en tecnología y capacitación.

    - Almacenes automáticos

    Descripción: utilizan sistemas completamente automatizados para el almacenamiento y manejo de productos.

    Ventajas: alta eficiencia, precisión, reducción de costos laborales.

    Desventajas: alta inversión inicial y mantenimiento, menos flexibilidad.

- **Según la función logística:**
    - Almacenes de consolidación

    Descripción: reciben productos de diferentes proveedores y los combinan en un único envío para el cliente.

    Importancia: reducen costos de transporte y mejoran la eficiencia de la entrega.

— Almacenes de desconsolidación

Descripción: reciben grandes envíos y los dividen en entregas más pequeñas para distribuir a diferentes destinos.

Importancia: facilitan la distribución eficiente de productos a múltiples destinos.

— Almacenes de tránsito

Descripción: utilizados para productos que necesitan un almacenamiento temporal durante el transporte.

Importancia: ayudan a gestionar la cadena de suministro y reducir tiempos de espera.

- <u>Según la ubicación geográfica:</u>

  — Almacenes centrales

  Descripción: situados en un punto estratégico para servir a una amplia área geográfica.

  Ventajas: mayor control de inventarios, centralización de operaciones.

  Desventajas: posibles retrasos en la entrega a áreas distantes.

  — Almacenes regionales

  Descripción: situados en diversas regiones para facilitar la distribución local.

  Ventajas: reducción de tiempos de entrega, mejor servicio al cliente.

  Desventajas: mayor costo de operación y mantenimiento de múltiples almacenes.

  — Almacenes locales

  Descripción: situados cerca del cliente final para entregas rápidas y eficientes.

  Ventajas: tiempos de entrega muy rápidos, excelente servicio al cliente.

  Desventajas: limitada capacidad de almacenamiento, mayores costos operativos por almacén.

- <u>Según la condición del producto:</u>

  — Almacenes de productos perdurables:

  Descripción: almacenan productos que no requieren condiciones especiales de almacenamiento.

Importancia: aseguran la disponibilidad de productos que no son sensibles a cambios de ambiente.

— Almacenes de productos perecederos:

Descripción: almacenan productos que necesitan condiciones especiales (ej.: temperatura controlada) para evitar su deterioro.

Importancia: cruciales para la gestión de alimentos, productos farmacéuticos y otros bienes sensibles.

— Almacenes de productos peligrosos

Descripción: almacenan productos que pueden ser peligrosos para la salud o el medio ambiente (ej.: químicos, materiales inflamables).

Importancia: cumplen con regulaciones estrictas para asegurar la seguridad y el cumplimiento normativo.

1.4.2. Funciones del almacén

Al hablar de funciones, podemos entender los principales procesos y fases que componen un almacén y que, sin una de ellas, no se podría completar la cadena de logística.

- Almacenamiento: la función principal de un almacén es almacenar productos de manera segura y organizada hasta que sean necesarios para su distribución o uso.

- Recepción: involucra la recepción de productos entrantes, la verificación de la cantidad y calidad de los productos, y su registro en el sistema de gestión de inventario.

- *Picking* y preparación de pedidos: consiste en seleccionar los productos requeridos de acuerdo con los pedidos de los clientes y prepararlos para su envío.

- Embalaje y etiquetado: implica el embalaje adecuado de los productos y la colocación de etiquetas de identificación y envío para facilitar su manipulación y entrega.

- Expedición: incluye la carga de productos en camiones u otros medios de transporte para su envío a los clientes.

- Control de calidad: tanto de la mercancía que recibe un almacén como de los pedidos que prepara antes de salir hacia el consumidor final.

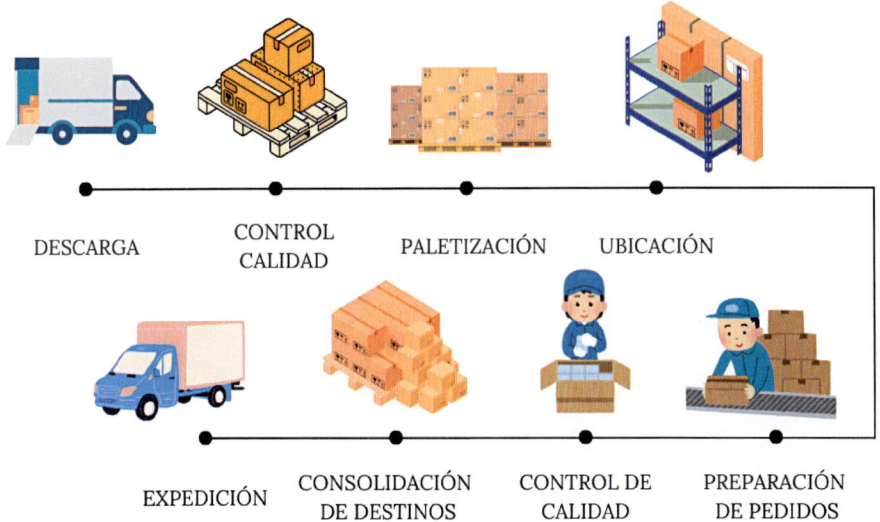

Figura 1.7. Proceso completo.

1.4.3. Zonas del almacén

Dentro de un almacén, podemos encontrar diferentes zonas con acometidos distintos e indispensables para todo el proceso completo.

- Zona de recepción y control: donde se reciben, verifican y registran los productos entrantes.

- Zona de almacenamiento: destinada al almacenamiento de productos según su tipo, tamaño y rotación.

- Zona de *picking* o preparación de pedidos: donde se seleccionan y preparan los productos para su envío.

- Zona de embalaje y etiquetado: donde se embalan y etiquetan los productos antes de su envío.

- Zona de expedición: donde se cargan los productos en camiones u otros medios de transporte para su entrega.

- Zona de servicios: donde se encuentran las instalaciones y equipos de apoyo, como las oficinas administrativas, los vestuarios y los comedores para el personal del almacén.

- Zona de devoluciones: destinada al procesamiento de productos devueltos por los clientes, incluyendo su inspección, clasificación y reintegración al inventario si es posible.

- Zona de *stock* y reserva: donde se almacenan productos adicionales o de menor rotación como medida de seguridad o para atender picos de demanda.

El diseño y la organización adecuados de estas zonas son esenciales para garantizar un flujo de trabajo eficiente y minimizar los tiempos de manipulación y entrega.

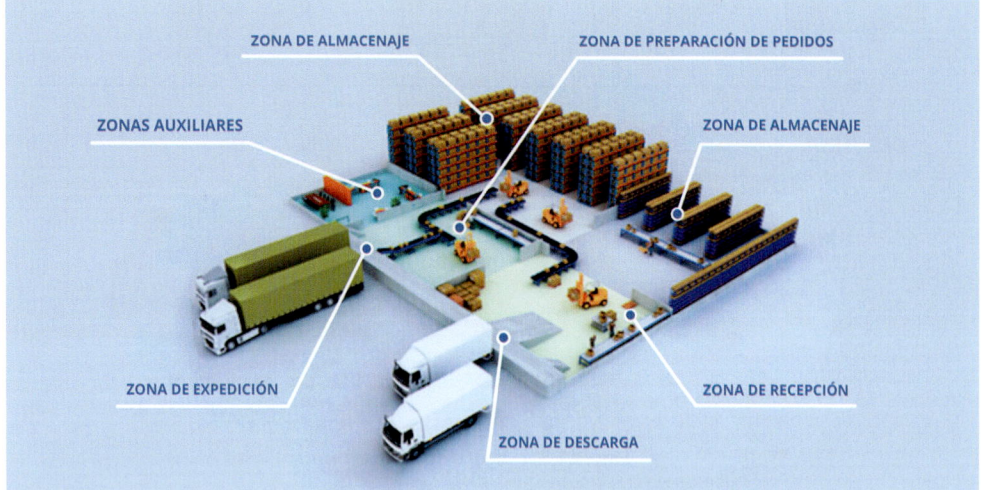

Figura 1.8. Distribución de las zonas.

1.5. Diseño de almacenes

El diseño de almacenes es una disciplina fundamental en la gestión logística, que tiene un impacto directo en la eficiencia operativa, los costos y la capacidad de respuesta de una empresa. La correcta planificación y diseño de un almacén no solo facilita la gestión de inventarios y la distribución de productos, sino que también optimiza el uso del espacio, mejora la seguridad laboral y reduce los tiempos de manipulación. En un contexto empresarial cada vez más competitivo y globalizado, la capacidad de un almacén para operar de manera eficiente puede ser un diferenciador clave.

El diseño de almacenes implica una serie de decisiones estratégicas y tácticas que abarcan desde la selección de la ubicación hasta la disposición interna de los productos. Este proceso comienza con un análisis exhaustivo de las necesidades de la empresa, incluyendo el tipo de productos que se van a almacenar, el volumen de operaciones y los flujos de trabajo. Es esencial considerar tanto las características físicas del almacén como su capacidad de adaptarse a cambios futuros en la demanda o en los tipos de productos manejados.

Una de las primeras decisiones en el diseño de un almacén es la elección de la ubicación. Esta debe tener en cuenta factores como la proximidad a los proveedores y clientes, las infraestructuras de transporte disponibles y los costos asociados. La ubicación ideal maximiza la eficiencia logística al minimizar los tiempos y costos de transporte, mientras que facilita el acceso a mercados clave.

Dentro del almacén, el diseño debe enfocarse en la optimización del espacio y en la creación de un flujo de trabajo eficiente. Esto incluye la planificación de zonas específicas para diferentes funciones, como la recepción de mercancías, el almacenamiento, la preparación de pedidos y el despacho. Cada una de estas áreas debe ser diseñada para minimizar los movimientos innecesarios y facilitar la accesibilidad a los productos. La disposición de los *racks*, estanterías y otras soluciones de almacenamiento debe maximizar la capacidad de almacenamiento, al tiempo que asegurar que los productos sean fáciles de localizar y recoger.

La selección del equipamiento adecuado es otro aspecto crítico del diseño de almacenes. Esto abarca desde sistemas de almacenamiento, como estanterías y *racks*, hasta equipos de manipulación y transporte, como carretillas elevadoras y sistemas de transporte automatizado. La elección de estos elementos debe basarse en las características de los productos que se manejan, el volumen de operaciones y las especificidades del espacio disponible.

Además, el diseño del almacén debe incorporar consideraciones de seguridad y ergonomía. La disposición de las áreas y los equipos debe minimizar los riesgos de accidentes y facilitar el trabajo del personal. Esto incluye la planificación de rutas seguras para el movimiento de equipos y personas, la instalación de sistemas de iluminación adecuados y la implementación de medidas de seguridad contra incendios y otros riesgos.

En la era de la digitalización, el diseño de almacenes también debe integrar tecnologías avanzadas de gestión y control. Los sistemas de gestión de almacenes (WMS) permiten una supervisión y control en tiempo real de las operaciones, mejorando la precisión del inventario y la eficiencia operativa. La incorporación de tecnologías como la identificación por radiofrecuencia (RFID) y la automatización de procesos contribuye a una mayor precisión y velocidad en la gestión de inventarios.

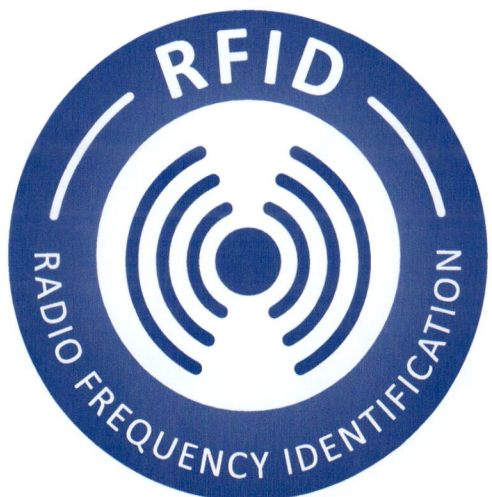

Figura 1.9. Procesos almacén con RFID.

En resumen, el diseño de almacenes es un proceso multifacético que requiere una planificación meticulosa y una consideración detallada de diversos factores. Un diseño bien pensado no solo optimiza las operaciones logísticas, sino que también mejora la capacidad de la empresa para adaptarse a cambios en el mercado y en la demanda de productos. Al invertir en un diseño de almacén eficiente, las empresas pueden lograr una ventaja competitiva significativa, mejorando su capacidad de respuesta y reduciendo costos operativos.

1.5.1. Zonas del almacén

Las zonas de un almacén se dividen según las funciones que desempeñan.

Como hemos visto en el apartado 1.4.3., entre las más comunes se encuentran la zona de recepción y control, la zona de almacenamiento, la zona de preparación de pedidos y la zona de expedición. Cada una de estas zonas cumple un papel fundamental en el proceso logístico y requiere de una organización adecuada para garantizar su eficiencia.

1.5.2. Zona de servicios

La zona de servicios en un almacén es un área crucial que alberga instalaciones y equipos destinados a brindar soporte y comodidad al personal que trabaja en el almacén. Esta zona desempeña un papel fundamental en la garantía de un entorno de trabajo seguro, eficiente y productivo.

A continuación, se detallan algunos de los elementos comunes que se encuentran en la zona de servicios:

- Oficinas administrativas: las oficinas administrativas son el centro neurálgico de la gestión del almacén. Aquí se llevan a cabo actividades como la planificación de la producción, la coordinación de las operaciones logísticas, la gestión de inventarios y la atención al cliente. Es importante que estas oficinas estén equipadas con todas las herramientas y recursos necesarios para facilitar una comunicación fluida y una toma de decisiones eficaz.

Figura 1.10. Oficinas interior.

- Vestuarios y áreas de descanso: los vestuarios y áreas de descanso son espacios diseñados para que el personal del almacén pueda cambiarse de ropa, guardar sus pertenencias personales y tomar descansos durante su jornada laboral. Es importante que estos espacios estén limpios, bien iluminados y equipados con mobiliario cómodo para garantizar el bienestar y la comodidad de los trabajadores.

Figura 1.11. Zona del café.

Figura 1.12. Área de descanso exterior.

- Comedor o área del almuerzo: un comedor o área de almuerzo es un espacio destinado a que el personal del almacén pueda tomar sus comidas y descansar durante sus momentos de descanso. Es importante que este espacio esté equipado con mesas y sillas cómodas, así como con instalaciones para calentar alimentos y refrigeradores para almacenar alimentos y bebidas.

Figura 1.13. Sala comedor.

- Baños y servicios sanitarios: los baños y servicios sanitarios son elementos esenciales en cualquier lugar de trabajo y deben estar ubicados de manera accesible y bien señalizada en el almacén. Es importante que estos espacios estén limpios, bien mantenidos y equipados con suministros como papel higiénico, jabón y toallas de papel para garantizar la higiene y el confort del personal.

- Área de primeros auxilios o enfermería: un área de primeros auxilios es fundamental para brindar atención inmediata en caso de accidentes o emergencias médicas en el almacén. Debe estar equipada con suministros básicos de primeros auxilios, como vendajes, desinfectantes, analgésicos y equipos para el tratamiento de lesiones menores.

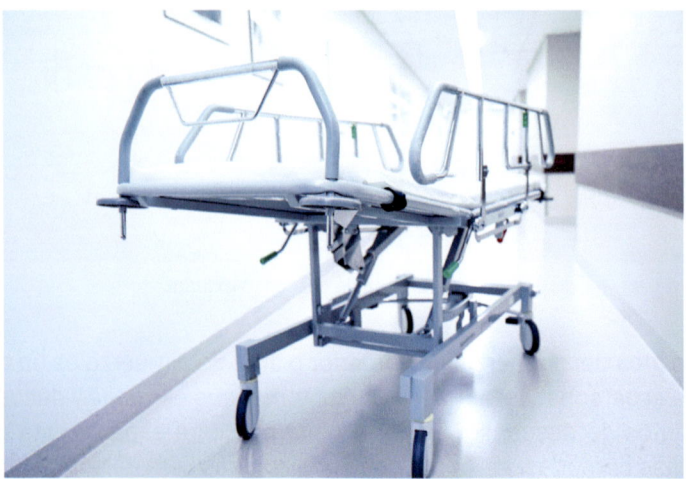

Figura 1.14. Enfermería en una empresa.

■ Instalaciones de seguridad y control: las instalaciones de seguridad y control, como cámaras de vigilancia, alarmas contraincendios y sistemas de control de acceso, son fundamentales para garantizar la seguridad y protección tanto de los trabajadores como de las instalaciones y los productos almacenados en el almacén.

Figura 1.15. Control centro logístico.

La zona de servicios es un elemento esencial en la estructura de un almacén, ya que contribuye significativamente al bienestar y la eficiencia del personal, así como a la seguridad y protección de las instalaciones y los productos almacenados. A día de hoy, muchos almacenes pueden disponer, como servicio a su personal, de zona de guardería, gimnasio y sala de descanso para los chóferes.

1.5.3. Zona de recepción y control

La zona de recepción y control es una de las áreas más cruciales en el diseño de un almacén, ya que es el punto de entrada de todos los bienes y materiales que serán gestionados dentro de la instalación. Este espacio debe estar cuidadosamente diseñado y organizado para asegurar que las operaciones de recepción sean eficientes, precisas y seguras. A continuación, se detalla una explicación ampliada de esta zona clave.

La principal función de la zona de recepción y control es recibir, inspeccionar y verificar los bienes que llegan al almacén. Esto incluye la descarga de mercancías desde vehículos de transporte, la inspección de los productos para asegurar que cumplen con los requisitos de calidad y cantidad, y la actualización de los registros de inventario. Esta área actúa como un filtro inicial, asegurando que solo los productos correctos y en buenas condiciones ingresen al sistema de almacenamiento.

DISEÑO Y DISPOSICIÓN DE LA ZONA

La zona de recepción debe estar situada en un área de fácil acceso para los vehículos de entrega. Esto suele ser cerca de la entrada principal del almacén, donde los camiones pueden maniobrar y estacionar con facilidad. Es esencial disponer de suficiente espacio para la descarga de mercancías, evitando congestiones y facilitando el movimiento de los productos.

Esta zona debe estar equipada con rampas de descarga, muelles de carga y descarga, y áreas de maniobra adecuadas. También es importante contar con equipos de manipulación como carretillas elevadoras, transpaletas y cintas transportadoras para facilitar la descarga y el movimiento de productos dentro del área de recepción.

Inmediatamente después de la descarga, los productos deben ser movidos a áreas de inspección específicas. Estas áreas deben estar diseñadas para permitir una revisión detallada de los bienes, incluyendo el conteo, la verificación de daños y la comprobación de la conformidad con las especificaciones del pedido. Puede ser necesario disponer de mesas de trabajo, herramientas de inspección y sistemas de pesaje para llevar a cabo estas tareas.

PROCESOS EN LA ZONA DE RECEPCIÓN Y CONTROL

- Recepción y verificación: al recibir los productos, el personal debe verificar la documentación de entrega contra los pedidos previstos. Esto incluye la comprobación de las notas de entrega, las facturas y los pedidos de compra. La verificación asegura que la cantidad y el tipo de productos entregados coincidan con lo solicitado.

- Inspección de calidad: una vez verificada la documentación, se procede a la inspección física de los productos. Esto incluye la revisión visual para detectar daños visibles, la comprobación de fechas de caducidad en el caso de productos perecederos, y pruebas de funcionamiento para artículos técnicos, si es aplicable. En algunos casos, puede ser necesario realizar pruebas de laboratorio o usar dispositivos específicos para asegurar la calidad.

- Registro de datos: después de la inspección, los datos sobre la cantidad y el estado de los productos recibidos deben ser registrados en el sistema de gestión de inventarios del almacén. Este registro es esencial para mantener un control preciso del inventario y facilitar la trazabilidad de los productos dentro del almacén.

- Etiquetado y clasificación: los productos que han pasado la inspección son etiquetados y clasificados según el sistema de almacenamiento del almacén. Esto puede incluir la asignación de códigos de barras, etiquetas RFID u otros sistemas de identificación para facilitar su localización y manejo posterior.

- Tratamiento de discrepancias: en caso de que se detecten discrepancias durante la inspección, como productos dañados, cantidades incorrectas o productos no conformes, es necesario seguir un procedimiento específico para manejar estos problemas. Esto puede incluir la devolución de productos al proveedor, la solicitud de reemplazos o la gestión de reclamaciones.

Figura 1.16. Proceso de recepción en almacén.

1.5.4. Zona de devoluciones

La zona de devoluciones en un almacén es un área crucial dedicada a la gestión y procesamiento de los productos que son retornados por los clientes o que no cumplen con los estándares de calidad y especificaciones requeridas. Esta zona debe estar diseñada de manera eficiente para manejar la complejidad y volumen de las devoluciones, lo que contribuye a una gestión efectiva de inventarios y a la satisfacción del cliente. A continuación, se proporciona una explicación detallada y ampliada sobre esta área esencial del almacén.

La principal función de la zona de devoluciones es recibir, inspeccionar y procesar los productos que han sido devueltos por diversas razones. Estas razones pueden incluir productos defectuosos, excedentes de pedidos, productos no conformes con las especificaciones del cliente o mercancías retornadas debido a políticas de devolución y garantía. Esta área garantiza que las devoluciones se manejen de manera organizada y eficiente, minimizando el impacto negativo en las operaciones del almacén y en el inventario.

DISEÑO Y DISPOSICIÓN DE LA ZONA

La zona de devoluciones debe estar estratégicamente ubicada para facilitar el acceso desde las áreas de recepción y despacho. Idealmente, esta zona debería estar cerca de la entrada principal del almacén para agilizar el proceso de recepción de devoluciones y evitar interferencias con otras operaciones del almacén.

Es esencial disponer de un espacio adecuado para la clasificación y manipulación de productos devueltos. Este espacio debe ser lo suficientemente grande para manejar el volumen esperado de devoluciones y permitir un flujo de trabajo eficiente.

La zona de devoluciones debe estar equipada con mesas de trabajo, estanterías para almacenamiento temporal, sistemas de etiquetado y equipos de inspección como escáneres de códigos de barras y herramientas de prueba para verificar el estado de los productos devueltos.

PROCESOS EN LA ZONA DE DEVOLUCIONES

- Recepción de devoluciones: los productos devueltos se reciben inicialmente en esta zona. El personal debe verificar la documentación de devolución, que incluye el motivo de la devolución, la información del cliente y los detalles del producto. Este paso es crucial para asegurar que cada devolución se procese correctamente y se registre adecuadamente.

- Inspección y clasificación: una vez recibidos, los productos devueltos deben ser inspeccionados minuciosamente para evaluar su condición. La inspección puede incluir la revisión visual para detectar daños, pruebas de funcionalidad en productos electrónicos, y la verificación de las fechas de caducidad en productos perecederos. Después de la inspección, los productos se clasifican en diferentes categorías, como productos defectuosos, productos recomercializables, y productos para descarte o reciclaje.

- Registro y actualización de inventario: los resultados de la inspección y clasificación deben ser registrados en el sistema de gestión de inventarios del almacén. Este registro es esencial para mantener la precisión del inventario y facilitar la gestión de las devoluciones. Los productos recomercializables deben ser reintegrados al inventario disponible, mientras que los productos defectuosos deben ser gestionados según las políticas del almacén.

- Reparación y reacondicionamiento: algunos productos devueltos pueden ser reparados o reacondicionados para su reventa. Este proceso puede incluir reparaciones menores, reempaquetado y limpieza de los productos. Las áreas dedicadas a estas actividades deben estar equipadas con las herramientas y materiales necesarios para llevar a cabo estas tareas eficientemente.

- Disposición final: los productos que no pueden ser recomercializados deben ser gestionados de acuerdo con las políticas del almacén. Esto puede incluir la disposición segura de productos defectuosos, la venta a través de canales de liquidación o el reciclaje de materiales. Es importante que estas actividades cumplan con las normativas ambientales y de seguridad aplicables.

Figura 1.17. Entrada de devoluciones.

1.5.5. Zona de *stock* y reserva

La zona de *stock* y reserva es una parte crucial del diseño de un almacén, donde se almacenan los productos para su posterior distribución.

Esta área se subdivide en dos secciones principales: la zona de *stock*, donde se almacenan los productos de alta rotación y fácil acceso, y la zona de reserva, donde se guardan productos adicionales o de menor rotación.

Figura 1.18. *Stock* de almacén en estanterías para palé.

En la zona de *stock*, es importante organizar los productos de manera que sean fácilmente identificables y accesibles.

Se pueden utilizar sistemas de estanterías, paletización o sistemas automatizados de almacenamiento para maximizar el espacio y facilitar la ubicación de los productos. Además, se debe mantener un control estricto de inventario para garantizar que los niveles de *stock* se mantengan dentro de los límites deseados.

Por otro lado, la zona de reserva se utiliza para almacenar productos que no se necesitan de inmediato pero que se mantienen en *stock* como medida de seguridad o para atender picos de demanda. Es importante establecer políticas claras para la gestión de la zona de reserva, determinando qué productos deben almacenarse allí y en qué cantidad.

1.5.6. Zona de preparación de pedidos

La zona de preparación de pedidos es donde se ensamblan los productos requeridos para satisfacer los pedidos de los clientes. Esta área debe estar diseñada de manera que permita un flujo de trabajo eficiente y una preparación precisa de los pedidos.

La zona de preparación de pedidos es una de las áreas más críticas dentro de un almacén, ya que en ella se realiza el proceso de recoger, organizar y empaquetar los productos para cumplir con los pedidos de los clientes. Una gestión eficiente de esta zona es esencial para garantizar la precisión de los pedidos, la satisfacción del cliente y la optimización de las operaciones logísticas. A continuación, se proporciona una explicación detallada y ampliada sobre esta área esencial del almacén.

La principal función de la zona de preparación de pedidos es consolidar los productos seleccionados de las diferentes ubicaciones del almacén para formar pedidos completos listos para ser enviados. Esta área es responsable de asegurar que cada pedido incluya todos los productos correctos, en las cantidades correctas, y que estén empaquetados adecuadamente para el envío.

DISEÑO Y DISPOSICIÓN DE LA ZONA

La zona de preparación de pedidos debe estar estratégicamente ubicada cerca de las áreas de almacenamiento y de las zonas de salida para minimizar los tiempos de desplazamiento y mejorar la eficiencia del proceso de *picking*. Además, debe estar accesible desde la zona de recepción para facilitar la reposición de productos.

Es fundamental disponer de un espacio adecuado para la manipulación y organización de los productos. Este espacio debe ser lo suficientemente amplio para permitir el movimiento fluido del personal y de los equipos de manipulación, como carros y carretillas.

La zona debe contar con estaciones de trabajo bien diseñadas y equipadas, donde los trabajadores puedan clasificar y empaquetar los productos. Cada estación debe estar provista de materiales de embalaje, como cajas, cinta adhesiva, etiquetas y herramientas de escaneo.

PROCESOS EN LA ZONA DE PREPARACIÓN DE PEDIDOS

- Recepción de órdenes: el proceso de preparación de pedidos comienza con la recepción de las órdenes de compra, que pueden llegar a través de sistemas de gestión de pedidos o de inventario. Estas órdenes contienen información detallada sobre los productos, cantidades y destinos.

- *Picking*: es el proceso de recoger los productos de sus ubicaciones de almacenamiento. Existen diferentes métodos de *picking*, como *picking* por zonas, *picking* por oleadas y *picking* por pedido, cada uno con sus ventajas y desventajas dependiendo del volumen y la naturaleza de los productos. La elección del método adecuado puede mejorar significativamente la eficiencia del proceso.

- Consolidación: una vez recogidos, los productos se llevan a la zona de consolidación, donde se agrupan según los pedidos específicos. Este proceso asegura que todos los ítems de un pedido se reúnan antes de proceder al empaquetado.

- Empaquetado: en la etapa de empaquetado, los productos se organizan en cajas o contenedores adecuados para el envío. Es importante utilizar técnicas de empaquetado que protejan los productos durante el transporte y minimicen el espacio desperdiciado. El empaquetado debe incluir también la documentación necesaria, como facturas, listas de empaque y etiquetas de envío.

- Verificación: antes de enviar los pedidos, se realiza una verificación final para asegurar que todos los productos estén incluidos y que las cantidades sean correctas. Esta verificación puede ser manual o automatizada, utilizando sistemas de escaneo y códigos de barras para asegurar la precisión.

- Etiquetado: los paquetes se etiquetan con información de envío, incluyendo la dirección del destinatario, códigos de seguimiento y cualquier instrucción especial. Es fundamental que las etiquetas sean claras y precisas para evitar errores en la entrega.

- Transición a la zona de salidas: finalmente, los pedidos preparados se trasladan a la zona de salidas, donde se agrupan según sus destinos y se preparan para ser cargados en los vehículos de transporte.

Figura 1.19. Preparación de pedidos.

1.5.7. Zona de salidas y verificaciones

La zona de salidas y verificaciones es un área crítica dentro del almacén, donde se llevan a cabo las últimas verificaciones y procesos antes de que los productos sean enviados a los clientes. Esta área desempeña un papel fundamental en garantizar la precisión y la calidad de los envíos, así como en proporcionar una experiencia satisfactoria al cliente.

Dentro de las principales funciones de esta zona, tenemos:

- Verificación de la cantidad y calidad: antes de que los productos salgan del almacén, es crucial realizar una verificación final para asegurarse de que la cantidad y la calidad de los productos sean las adecuadas. Esto implica comparar la cantidad y la descripción de los productos en el pedido con los registros del sistema y realizar una inspección visual para asegurar que los productos estén en buenas condiciones.

- Embalaje final: En esta área, los productos se preparan para su envío final mediante el embalaje adecuado. Esto puede incluir el uso de cajas, bolsas, rellenos protectores y etiquetas de envío para garantizar que los productos lleguen a su destino en óptimas condiciones.

- Documentación de envío: se prepara la documentación necesaria para el envío, como facturas, albaranes de entrega y etiquetas de envío. Es importante asegurarse de que toda la documentación esté completa y sea precisa para evitar retrasos en la entrega y problemas con los clientes.

- Carga en los medios de transporte: una vez que los productos están listos para su envío, se cargan en los medios de transporte correspondientes, ya sea camiones, furgonetas, contenedores u otros. Es crucial asegurarse de que los productos estén correctamente colocados y asegurados para evitar daños durante el transporte.

Si transformamos las funciones en procesos, tenemos los siguientes procesos realizados en esta última zona de almacén:

- Revisión de pedidos: se verifica cada pedido individualmente para garantizar que se cumplan todas las especificaciones del cliente, incluyendo la cantidad, el tipo y la calidad de los productos solicitados.

- Control de calidad: se lleva a cabo una inspección final de los productos para asegurar que estén en perfectas condiciones y cumplan con los estándares de calidad establecidos por la empresa.

- Etiquetado y marcado: se colocan etiquetas de envío y cualquier otra información necesaria en los productos y sus embalajes para facilitar su identificación y seguimiento durante el transporte.

- Registro de envíos: se registra la salida de los productos del almacén en el sistema de gestión de inventario para mantener un registro preciso del inventario disponible y facilitar el seguimiento de los envíos.

- Coordinación con transportistas: se coordina con los transportistas para programar la recogida de los productos y garantizar que se entreguen en el destino y en el tiempo acordado con el cliente.

La zona de salidas y verificaciones es crítica para la satisfacción del cliente y la reputación de la empresa. Un proceso de salida eficiente y preciso garantiza que los clientes reciban los productos correctos y en buenas condiciones, y ayuda a construir relaciones sólidas y duraderas con ellos. Además, una gestión eficaz de esta área ayuda a minimizar errores y retrasos en los envíos, lo que mejora la eficiencia operativa y reduce los costos asociados con devoluciones y reclamaciones de clientes.

1.5.8. Zona de oficinas y servicios

La zona de oficinas y servicios es el corazón administrativo del almacén, donde se llevan a cabo actividades de gestión y administración. En esta área, se encuentran las oficinas del personal administrativo, así como las instalaciones para el manejo de documentos, la atención al cliente y la coordinación de actividades logísticas.

Suelen estar todos los despachos de los puestos de responsabilidad más relevantes del organigrama del almacén. Además de contar con diferentes salas de reuniones para cuando se necesite ocuparlas.

Figura 1.20. Zona de oficinas.

Es importante que esta zona esté bien organizada y equipada con las herramientas necesarias para garantizar una comunicación eficiente y una gestión adecuada de todas las operaciones del almacén.

1.6. Dimensiones y capacidades

Las dimensiones y capacidades de un almacén son aspectos críticos que deben considerarse cuidadosamente durante el diseño y la planificación de instalaciones logísticas. Estos factores tienen un impacto significativo en la eficiencia operativa, la capacidad de almacenamiento y la rentabilidad del almacén. A continuación, se detallan algunos aspectos clave que se deben tener en cuenta:

1.6.1. Diseño de la distribución espacial

El diseño de la distribución espacial del almacén debe optimizarse para aprovechar al máximo el espacio disponible y garantizar un flujo de trabajo eficiente. Esto implica considerar factores como la altura del techo, la disposición de las estanterías y *racks*, la ubicación de las zonas de almacenamiento y la circulación de equipos de manejo de materiales.

- Altura del techo: maximizar la altura del techo del almacén puede aumentar significativamente su capacidad de almacenamiento, permitiendo la instalación de estanterías de gran altura y la utilización de equipos de manipulación de materiales verticales, como montacargas y transelevadores.

- Diseño de estanterías y *racks*: las estanterías y *racks* deben diseñarse de manera eficiente para optimizar el espacio de almacenamiento y facilitar el acceso a los productos. Se pueden utilizar diferentes tipos de estanterías, como estanterías selectivas, estanterías de paletización, estanterías cantiléver y estanterías móviles, según las necesidades específicas del almacén.

■ Ubicación de zonas de almacenamiento: las zonas de almacenamiento deben distribuirse de manera estratégica para facilitar la clasificación y el acceso a los productos. Se pueden utilizar técnicas como la clasificación ABC para organizar los productos según su rotación y prioridad de acceso.

1.6.2. Capacidad de almacenamiento

La capacidad de almacenamiento del almacén se refiere a la cantidad máxima de productos que pueden ser almacenados en sus instalaciones. Esta capacidad está determinada por varios factores, incluyendo el tamaño del almacén, la altura del techo, la disposición de las estanterías y *racks*, y la densidad de almacenamiento.

■ Cálculo de la capacidad: la capacidad de almacenamiento se calcula en función del volumen disponible dentro del almacén y la cantidad de productos que pueden ser almacenados en cada unidad de espacio. Se pueden utilizar herramientas de diseño asistido por ordenador (CAD) y *software* de gestión de almacenes (WMS) para calcular y optimizar la capacidad de alma cenamiento.

Figura 1.21. Conocer todas las capacidades.

■ Flexibilidad de almacenamiento: es importante diseñar el almacén con la flexibilidad necesaria para adaptarse a cambios en la demanda y en los productos almacenados. Esto puede implicar el uso de estanterías y *racks* ajustables, sistemas de almacenamiento móviles y áreas de almacenamiento multifuncionales.

■ Reserva de espacio: se debe reservar un espacio adicional para permitir el crecimiento futuro del inventario y para acomodar cambios en las operaciones del almacén. Esto puede incluir la creación de áreas de almacenamiento de reserva y la planificación de expansiones futuras según sea necesario.

1.6.3. Consideraciones ergonómicas y de seguridad

Además de la capacidad de almacenamiento, es importante tener en cuenta considera-ciones ergonómicas y de seguridad al diseñar la distribución del almacén. Esto incluye asegurar pasillos anchos para facilitar el movimiento de equipos y personal, proporcio-nar iluminación adecuada y sistemas de ventilación, y garantizar el cumplimiento de las normativas de seguridad y salud ocupacional.

- Diseño ergonómico: se deben minimizar las distancias de desplazamiento y los movimientos repetitivos para reducir el riesgo de lesiones y mejorar la producti-vidad del personal. Esto puede lograrse mediante la ubicación estratégica de los productos y el diseño ergonómico de las estaciones de trabajo.

- Seguridad del almacén: se deben implementar medidas de seguridad adecuadas, como barandillas de protección, señalización de seguridad, extintores de incendios y sistemas de detección de humo, para garantizar un entorno de trabajo seguro para el personal y proteger los productos almacenados. Un sistema de *sprinklers* es indispensable al igual que garantizar todo el resto de sistemas de seguridad ante incendios y las puertas de emergencias. Todo ello respetando lo que obliga la ley en cuanto a medidas y distancias.

En resumen, el diseño de la distribución espacial, la capacidad de almacenamiento y las consideraciones ergonómicas y de seguridad son aspectos fundamentales que deben tenerse en cuenta al diseñar un almacén. Al optimizar estos factores, las empresas pueden mejorar la eficiencia operativa, maximizar la capacidad de almacenamiento y garantizar un entorno de trabajo seguro y productivo para su personal.

1.7. Formas de almacenamiento

El almacenamiento eficiente es crucial para la gestión de un almacén, ya que influye directamente en la productividad, el uso del espacio y la seguridad. Existen diversas formas de almacenamiento, cada una con sus características específicas, ventajas y desventajas. A continuación, se desarrollan las principales formas de almacenamiento utilizadas en los almacenes modernos: almacenamiento en estanterías, almacena-miento en bloque, almacenamiento en *racks*, almacenamiento en contenedores y almacenamiento automatizado.

1.7.1. Almacenamiento en estanterías

El almacenamiento en estanterías es una de las formas más comunes y versátiles de organizar productos dentro de un almacén. Este sistema permite maximizar el uso del espacio vertical y facilitar el acceso a los productos.

Tipos de estanterías:

- **Estanterías de paletización:** ideales para productos voluminosos y pesados, permiten el acceso directo a cada palé.

- **Estanterías de carga manual:** utilizadas para productos más pequeños y ligeros, manipulados manualmente.

- **Estanterías dinámicas:** incluyen estanterías de flujo (*flow racks*) y estanterías *pushback*, que utilizan la gravedad o carriles inclinados para mover los productos.

- **Estanterías móviles:** montadas sobre bases móviles que se desplazan sobre rieles, maximizan la utilización del espacio.

- **Estanterías cantiléver:** diseñadas para productos largos y voluminosos como tubos y vigas.

Ventajas:

- Optimización del espacio vertical.

- Fácil acceso y organización de productos.

- Flexibilidad y modularidad.

- Mejora de la seguridad al mantener productos organizados y fuera del suelo.

1.7.2. Almacenamiento en bloque

El almacenamiento en bloque consiste en apilar productos directamente en el suelo del almacén sin el uso de estanterías. Es adecuado para productos que pueden apilarse de manera estable y segura.

Características:

- Productos apilados en bloques, generalmente sobre palés.

- Utilización eficiente del espacio horizontal y vertical.

- Adecuado para productos homogéneos y de alta rotación.

Ventajas:

- Baja inversión inicial en equipamiento.

- Flexibilidad para reconfigurar el espacio según las necesidades.

- Alta densidad de almacenamiento para productos apilables.

Desventajas:

- Acceso limitado a los productos en el fondo del bloque (LIFO - último en entrar, primero en salir).

- Riesgo de daños a los productos en la base debido al peso de los productos superiores.

- Requiere una manipulación cuidadosa para evitar accidentes y daños.

1.7.3. Almacenamiento en *racks*

Los *racks* son estructuras metálicas diseñadas para almacenar productos de manera organizada y accesible. Pueden ser fijos o dinámicos, dependiendo de las necesidades del almacén.

Tipos de *racks*:

- ***Racks* selectivos:** permiten el acceso directo a cada palé, ideales para productos variados y de acceso frecuente.

- ***Racks* de doble profundidad:** aumentan la capacidad de almacenamiento, pero requieren equipos especializados para el acceso.

- ***Racks* drive-in/drive-through:** los productos se almacenan en canales profundos, adecuados para grandes volúmenes de productos homogéneos.

Ventajas:

- Alta densidad de almacenamiento.

- Fácil acceso y organización de productos.

- Flexibilidad para diferentes tipos de productos.

Desventajas:

- Mayor inversión inicial en comparación con el almacenamiento en bloque.

- Necesidad de equipos especializados para ciertos tipos de *racks*.

1.7.4. Almacenamiento en contenedores

El almacenamiento en contenedores implica el uso de contenedores de diversos tamaños y materiales para organizar y proteger los productos.

Tipos de contenedores:

- **Contenedores de plástico:** resistentes y reutilizables, adecuados para productos pequeños y ligeros.

- **Contenedores de metal:** más duraderos y capaces de soportar productos pesados.
- **Contenedores plegables:** ofrecen flexibilidad y ahorro de espacio cuando no están en uso.

Ventajas:

- Protección de los productos contra daños y contaminación.
- Fácil manipulación y transporte.
- Mejora de la organización y eficiencia del almacén.

Desventajas:

- Costos iniciales asociados con la compra de contenedores.
- Necesidad de espacio adicional para almacenar contenedores vacíos.

1.7.5. Almacenamiento automatizado

El almacenamiento automatizado utiliza sistemas mecánicos y tecnológicos avanzados para gestionar el almacenamiento y la recuperación de productos.

Tipos de sistemas automatizados:

- **Sistemas de almacenamiento y recuperación automatizados (AS/RS):** utilizan transelevadores y robots para almacenar y recuperar productos de manera eficiente.
- **Transportadores automáticos:** mueven productos dentro del almacén sin intervención humana.
- **Sistemas de *pick-to-light*:** guían a los operarios mediante señales luminosas para la preparación de pedidos.

Ventajas:

- Alta eficiencia y velocidad en la gestión de productos.
- Reducción de errores humanos y mejora de la precisión.
- Optimización del espacio y aumento de la capacidad de almacenamiento.

Desventajas:

- Alta inversión inicial en tecnología y equipamiento.
- Necesidad de personal capacitado para operar y mantener los sistemas automatizados.
- Dependencia de la tecnología, con posibles interrupciones en caso de fallos técnicos.

Conclusión

Cada forma de almacenamiento tiene sus propias ventajas y desventajas, y la elección adecuada depende de varios factores, incluyendo el tipo de productos, la rotación del inventario, el espacio disponible y el presupuesto. La implementación de un sistema de almacenamiento eficiente y bien gestionado es esencial para el éxito de las operaciones logísticas y la satisfacción del cliente.

1.7.6. Elementos y técnicas de manipulación y transporte interno

Los elementos y técnicas de manipulación y transporte interno se refieren a los métodos utilizados para mover y gestionar los productos dentro del almacén.

La manipulación y el transporte interno son aspectos fundamentales en la logística de almacenes, ya que afectan directamente la eficiencia operativa, la seguridad y los costos. Los elementos y técnicas utilizados en estas actividades varían según las necesidades específicas del almacén, los tipos de productos manejados y el volumen de operaciones.

A continuación, se describen los principales elementos y técnicas de manipulación y transporte interno utilizados en los almacenes modernos.

1. **Carretillas elevadoras (*forklifts*):**

   ■ **Carretillas contrapesadas:** ideales para mover palés y cargas pesadas. Su diseño con contrapeso en la parte trasera permite mayor estabilidad.

   ■ **Carretillas retráctiles:** ofrecen un mástil retráctil que permite operar en pasillos más estrechos y alcanzar estanterías altas.

   ■ **Carretillas recogepedidos:** diseñadas para la preparación de pedidos, permiten al operario elevarse junto con la carga para facilitar el *picking*.

Figura 1.22. Carretillas elevadoras.

2. **Transpaletas (*pallet jacks*):**

   ■ **Transpaletas manuales:** utilizadas para mover palés en distancias cortas, son económicas y fáciles de usar.

- **Transpaletas eléctricas:** ofrecen mayor capacidad de carga y facilitan el trabajo en operaciones intensivas.

Figura 1.23. Transpaleta manual.

3. **Apiladores (*stackers*):**

   - **Apiladores manuales:** adecuados para levantar y apilar palés en niveles bajos.
   - **Apiladores eléctricos:** permiten levantar cargas a mayores alturas y moverlas de manera más eficiente.

Figura 1.24. Apilador eléctrico.

4. **Transelevadores (*stacker cranes*):**

   - Utilizados en sistemas automatizados de almacenamiento y recuperación (AS RS), estos equipos pueden mover cargas en tres dimensiones (vertical, horizontal y profundidad) y son ideales para almacenes de gran altura.

Figura 1.25. Transelevadores.

5. **Transportadores (*conveyors*):**

- **Transportadores de rodillos:** utilizados para mover cajas y palés a través de rodillos accionados por gravedad o motor.

- **Transportadores de banda:** adecuados para mover productos individuales, especialmente en líneas de producción y clasificación.

Figura 1.26. Transportadores de rodillos.

6. **Mesas elevadoras (*lift tables*):**

- Utilizadas para ajustar la altura de trabajo y facilitar la manipulación de cargas, reduciendo el esfuerzo físico del operario.

Figura 1.27. Mesa elevadora.

7. **Grúas y polipastos:**

- **Grúas puente:** utilizadas para mover cargas pesadas en áreas amplias del almacén.

- **Polipastos eléctricos:** facilitan el levantamiento y movimiento de cargas pesadas en áreas localizadas.

Figura 1.28. Grúa puente en almacén.

TÉCNICAS DE MANIPULACIÓN Y TRANSPORTE INTERNO

1. *Cross-Docking*:

- Técnica que permite transferir productos directamente de la recepción a la expedición, minimizando el almacenamiento intermedio y acelerando la distribución.

2. **Batch Picking (recogida por lotes):**

   ■ Consiste en agrupar varios pedidos para recoger los productos de manera simultánea, aumentando la eficiencia del *picking* y reduciendo los desplazamientos.

3. **Zone Picking (recogida por zonas):**

   ■ El almacén se divide en zonas específicas, y los operarios se especializan en recoger productos solo de su zona asignada. Esto mejora la velocidad y precisión del *picking*.

4. **Wave Picking (recogida por oleadas):**

   ■ Combina técnicas de *batch picking* y *zone picking,* organizando el *picking* en oleadas o turnos específicos para maximizar la eficiencia y minimizar los tiempos de espera.

5. **Just-In-Time (JIT):**

   ■ Técnica de gestión de inventarios que busca minimizar los niveles de *stock* manteniendo solo lo necesario para la producción inmediata. Esto reduce costos de almacenamiento y aumenta la eficiencia operativa.

6. **Kanban:**

   ■ Sistema visual de control de inventarios que utiliza tarjetas para indicar cuándo es necesario reabastecer un producto. Es parte de la metodología JIT y mejora la gestión de inventarios.

7. **Lean Logistics:**

   ■ Aplicación de principios lean para eliminar desperdicios en la logística interna, optimizando procesos y reduciendo tiempos de ciclo.

8. **Picking por voz (Voice Picking):**

   ■ Utiliza comandos de voz para guiar a los operarios en el proceso de *picking,* dejando las manos libres y aumentando la velocidad y precisión de la operación.

9. **Sistemas de identificación automática:**

   ■ **Código de barras:** facilita el seguimiento y control de inventarios mediante escáneres.

   ■ **RFID (Radio Frequency Identification):** permite la identificación y seguimiento automático de productos sin necesidad de contacto visual directo.

10. **Automatización y robótica:**

    ■ **Robots móviles autónomos (AMR):** utilizados para transportar productos dentro del almacén de manera autónoma, mejorando la eficiencia y reduciendo la necesidad de mano de obra.

    ■ **Drones:** pueden ser utilizados para inventarios y control de *stock* en almacenes de gran altura, facilitando el acceso y la visibilidad.

RESUMEN

La Unidad 1 de nuestro libro aborda el tema del sistema logístico en el contexto de la gestión empresarial. Exploramos la importancia de una visión integral de la logística dentro de la empresa, destacando su papel fundamental en la optimización de la cadena de suministro. Analizamos la relevancia estratégica de los almacenes como centros de almacenamiento y distribución de productos, considerando su función clave en la satisfacción del cliente y la eficiencia operativa. Profundiza en el concepto y las funciones de los almacenes, destacando su versatilidad y sus múltiples zonas operativas, desde la recepción hasta la expedición y examinando los diversos tipos de almacenes, sus funciones específicas y las distintas formas de almacenamiento disponibles, incluyendo estanterías, *racks* y sistemas automatizados.

Además, se explica la importancia del dimensionamiento adecuado de los almacenes y se analizan las diferentes dimensiones y capacidades que deben tener en cuenta las empresas. Por último, se explora el equipamiento utilizado en los almacenes, desde estanterías hasta maquinaria especializada como carretillas elevadoras, resaltando su importancia para optimizar las operaciones logísticas.

ACTIVIDADES FINALES

1.1. **¿Cuál es el objetivo principal de la logística integral en una empresa?**

a) Maximizar los costos de almacenamiento.

b) Optimizar el flujo de materiales y productos.

c) Minimizar la productividad del trabajo en el almacén.

1.2. **¿Por qué es importante estratégicamente el almacén en una empresa?**

a) Porque es un área de almacenamiento de documentos.

b) Porque no tiene impacto en la cadena de suministro.

c) Porque influye en la eficiencia y efectividad de la logística.

1.3. **¿Cuál es la función principal de los almacenes?**

a) Producir productos.

b) Distribuir productos a clientes.

c) Almacenar y gestionar inventarios de productos.

1.4. **¿Qué aspectos incluye la estructura de un almacén?**

a) Solo dimensiones y capacidades.

b) Tipos, funciones y zonas.

c) Solo zonas de almacenamiento.

1.5. **¿Qué representa la zona de preparación de pedidos en un almacén?**

a) Es donde se reciben los productos.

b) Es donde se almacenan los productos para futuras ventas.

c) Es donde se preparan los pedidos para su envío.

1.6. **¿Cuál de las siguientes no es una zona común en un almacén?**

a) Zona de recepción y control.

b) Zona de devoluciones.

c) Zona de montaje de productos.

1.7. **¿Qué se entiende por dimensiones y capacidades en un almacén?**

a) Tamaño y peso de los productos almacenados.

b) Número de empleados en el almacén.

c) Horario de operación del almacén.

1.8. ¿Qué se incluye en el equipamiento de almacenes?

a) Elementos y técnicas de manipulación.

b) Solo estanterías.

c) *Software* de gestión de inventarios.

1.9. ¿Cuál es una técnica común de manipulación y transporte interno en almacenes?

a) Uso de drones.

b) Uso de montacargas.

c) Uso de automóviles.

1.10. ¿Cuál de las siguientes no es una forma de almacenamiento común?

a) Almacenamiento en estanterías.

b) Almacenamiento en el suelo.

c) Almacenamiento en el aire.

1.11. ¿Cuál es uno de los objetivos del diseño de almacenes?

a) Maximizar los costos de almacenamiento.

b) Optimizar el flujo de productos y materiales.

c) Minimizar la seguridad en el almacén.

1.12. ¿Qué elementos se consideran en el diseño de una zona de preparación de pedidos?

a) Solo la disposición de los productos.

b) Disposición, accesibilidad y ergonomía.

c) Solo la accesibilidad.

1.13. ¿Qué función cumple la zona de recepción y control en un almacén?

a) Almacenar productos terminados.

b) Recibir y verificar los productos entrantes.

c) Preparar pedidos para su envío.

1.14. ¿Qué se hace en la zona de devoluciones de un almacén?

a) Se almacenan productos para futuras ventas.

b) Se reciben y procesan productos devueltos por clientes.

c) Se preparan pedidos para su envío.

1.15. ¿Cuál es uno de los objetivos del sistema logístico de una empresa?

a) Maximizar los costos de transporte.

b) Minimizar los plazos de entrega.

c) Optimizar el flujo de materiales y productos.

1.16. ¿Qué se incluye en el diseño de almacenes?

a) Solo la ubicación del almacén.

b) La disposición de las áreas y el equipamiento.

c) Solo el tamaño del almacén.

1.17. ¿Qué se considera al diseñar la estructura de un almacén?

a) Solo la función de las zonas.

b) Tipos de productos almacenados y procesos.

c) Solo la distribución del espacio.

1.18. ¿Qué se busca al diseñar las dimensiones y capacidades de un almacén?

a) Solo cumplir con los estándares del sector.

b) Adecuar el espacio y capacidad a las necesidades operativas.

c) Maximizar el espacio de almacenamiento sin importar la eficiencia.

1.19. ¿Qué se incluye en las formas de almacenamiento?

a) Solo estanterías.

b) Distintos tipos de equipamiento y técnicas.

c) Solo contenedores.

1.20. ¿Qué elementos pueden formar parte del equipamiento de almacenes?

a) Solo carretillas elevadoras.

b) Elementos fijos y móviles de manipulación.

c) Solo *racks* de almacenamiento.

1.21. ¿Cuál es una técnica común de manipulación y transporte interno en almacenes?

a) Solo el uso de cintas transportadoras.

b) Uso de transelevadores.

c) Solo el uso de montacargas manuales.

1.22. ¿Qué se busca con la clasificación de productos en almacenes?

a) Solo facilitar el control de inventario.

b) Mejorar la seguridad del almacén.

c) Optimizar el almacenamiento y flujo de productos.

1.23. ¿Por qué es importante la zona de *stock* y reserva en un almacén?

a) Para almacenar productos de baja rotación.

b) Para preparar pedidos para su envío.

c) Para recibir y verificar productos entrantes.

1.24. ¿Cuál es uno de los objetivos del diseño de almacenes?

a) Minimizar la eficiencia operativa.

b) Optimizar el flujo de productos y materiales.

c) Maximizar los tiempos de entrega.

1.25. ¿Qué se busca al diseñar la estructura de un almacén?

a) Solo cumplir con los requisitos legales.

b) Adaptar la distribución del espacio a los procesos operativos.

c) Solo maximizar la capacidad de almacenamiento.

2

Procesos de recepción y distribución de mercancías

Esta Unidad 2 se enfoca en los procesos críticos de recepción y distribución de mercancías, detallando las etapas de inspección en la recepción y la clasificación de productos a almacenar. Se subrayan las mejores prácticas para garantizar la calidad, la precisión y la eficiencia en la gestión de inventarios desde su llegada hasta su distribución final.

En esta unidad, nos adentraremos en los procesos fundamentales de recepción y distribución de mercancías en un almacén.

Estos procesos son esenciales para garantizar un flujo eficiente de productos y mantener la integridad de los mismos.

2.1. Inspección en recepción

La inspección en recepción es un proceso crítico en la gestión de almacenes que garantiza la calidad y la integridad de los productos que ingresan al inventario. Esta fase es el primer punto de contacto con los productos recibidos y, por lo tanto, es crucial para detectar cualquier problema o discrepancia de manera temprana.

A continuación, se detallan los aspectos clave de la inspección en recepción:

- Verificación de documentación

    El proceso de inspección comienza con la verificación de la documentación de acompañamiento, como facturas, albaranes de entrega y documentos de transporte. Es fundamental asegurarse de que toda la documentación esté completa y coincida con los productos recibidos, incluyendo cantidades, descripciones y referencias. Cualquier discrepancia debe ser investigada de inmediato para evitar posibles errores en el inventario.

- Control de calidad

    Una vez verificada la documentación, se procede al control de calidad de los productos recibidos. Esto implica examinar visualmente los productos para detectar posibles daños, defectos o signos de manipulación inadecuada durante el transporte. Además, se pueden realizar pruebas o ensayos específicos según las características de los productos para verificar su calidad y conformidad con los estándares establecidos.

- Comprobación de cantidad y especificaciones

    Otro aspecto importante de la inspección en recepción es la verificación de la cantidad y las especificaciones de los productos recibidos. Se debe contar y registrar cuidadosamente cada artículo para asegurar que coincida con la información proporcionada en la documentación de acompañamiento. Además, se deben revisar las especificaciones técnicas y las características de los productos para asegurarse de que sean los correctos y cumplan con los requisitos del cliente.

■ Registro de incidencias

Durante el proceso de inspección, es posible que se detecten discrepancias, daños o cualquier otro tipo de incidencia. Es importante registrar todas estas observaciones de manera detallada y precisa para documentar cualquier problema y facilitar su posterior gestión. Esta información será crucial para tomar medidas correctivas y evitar problemas similares en el futuro.

■ Colaboración con proveedores

La inspección en recepción también brinda la oportunidad de establecer una comunicación efectiva con los proveedores. Se pueden compartir observaciones, comentarios y sugerencias para mejorar los procesos de entrega y asegurar una colaboración más fluida y eficiente en el futuro.

En resumen, la inspección en recepción es un proceso multifacético que abarca desde la verificación de documentación hasta el control de calidad y la comprobación de cantidades. Un enfoque riguroso y sistemático en esta etapa es fundamental para garantizar la calidad, la precisión y la integridad de los productos que ingresan al inventario del almacén.

2.2. Clasificación de los productos que se almacenan

La clasificación de los productos que se almacenan es un proceso crítico en la gestión eficiente de un almacén. A través de este proceso, se organizan los productos de manera sistemática para facilitar su almacenamiento, manipulación y distribución. La clasificación puede basarse en una variedad de criterios, cada uno de los cuales influye en la forma en que se gestionan los productos dentro del almacén. A continuación, profundizaremos en los aspectos clave de la clasificación de productos:

■ Criterios de clasificación:

La clasificación de los productos puede basarse en varios criterios, que incluyen, entre otros:

— Tipo de producto: los productos pueden clasificarse según su naturaleza, como materias primas, productos semielaborados o productos terminados.

— Características físicas: la forma, el tamaño y el peso de los productos son factores importantes para determinar cómo se almacenan y manipulan.

— Fragilidad: algunos productos son más frágiles que otros y requieren un manejo especial para evitar daños.

- Rotación de inventario: los productos pueden clasificarse según su frecuencia de venta o uso, lo que influye en su ubicación dentro del almacén para optimizar la eficiencia operativa.

- Requerimientos especiales: algunos productos pueden tener necesidades específicas de almacenamiento, como temperatura controlada o condiciones de humedad.

■ Sistemas de codificación:

Para facilitar la clasificación y la gestión de productos, muchas empresas utilizan sistemas de codificación o etiquetado. Estos sistemas asignan códigos únicos a cada producto, lo que permite una identificación rápida y precisa. Los códigos pueden incluir información sobre el tipo de producto, su ubicación en el almacén, su fecha de recepción y otros datos relevantes. Los sistemas de codificación pueden variar en complejidad, desde simples etiquetas hasta códigos de barras o tecnología de identificación por radiofrecuencia (RFID).

■ Métodos de almacenamiento:

Una vez clasificados, los productos se almacenan utilizando diferentes métodos según sus características y requerimientos. Algunos de los métodos de almacenamiento más comunes incluyen:

- Almacenamiento a granel: para productos que no requieren una manipulación individualizada, como líquidos, granos o materiales a granel.

- Almacenamiento en estanterías: para productos más pequeños y ligeros, se utilizan estanterías para organizarlos de manera ordenada y accesible.

- Almacenamiento en *racks*: los *racks* son ideales para productos largos o voluminosos, como tubos, barras metálicas o neumáticos.

- Almacenamiento en contenedores: los productos se colocan en contenedores, o *bins*, que pueden apilarse para maximizar el espacio vertical en el almacén.

■ Tecnología y automatización:

En la actualidad, muchas empresas están adoptando tecnologías avanzadas para optimizar el proceso de clasificación y almacenamiento de productos. Esto incluye sistemas automatizados de almacenamiento y recuperación (AS/RS), sistemas de *picking* por voz o por luz, y robots autónomos para la manipulación de productos. Estas tecnologías no solo mejoran la eficiencia operativa, sino que también reducen los errores y aumentan la precisión en el manejo de inventario.

Figura 2.1. Robots transportadores en almacén.

Figura 2.2. Robots en almacén.

RESUMEN

En resumen, los procesos de recepción y distribución de mercancías son fundamentales para el funcionamiento eficiente de un almacén. La inspección en recepción garantiza la calidad y la integridad de los productos que ingresan al inventario, mientras que la clasificación de los productos que se almacenan facilita su organización y gestión dentro del almacén.

En esta unidad exploramos los procesos esenciales de reaprovisionamiento y gestión de *stocks,* incluyendo niveles y factores de reaprovisionamiento, sistemas de control de inventarios y tipos de inventarios. También abarcamos los elementos de manutención y el uso de almacenes automáticos, destacando la importancia de informes, estadísticas y sistemas de identificación automática.

ACTIVIDADES FINALES

2.1. **¿Cuál es el propósito principal de la inspección en recepción?**

a) Verificar la calidad del producto.

b) Identificar a los proveedores.

c) Contabilizar el inventario.

2.2. **¿Qué se hace durante la inspección en recepción?**

a) Se almacenan los productos.

b) Se clasifican los productos.

c) Se verifica la conformidad de los productos recibidos.

2.3. **¿Qué factores se tienen en cuenta durante la clasificación de los productos a almacenar?**

a) Su tamaño y peso.

b) Su valor económico.

c) Su fecha de producción.

2.4. **¿Por qué es importante la clasificación de los productos antes de almacenarlos?**

a) Para determinar su precio de venta.

b) Para optimizar el espacio de almacenamiento.

c) Para garantizar su calidad.

2.5. **¿Cuál es la función principal de la zona de devoluciones en un almacén?**

a) Almacenar productos dañados.

b) Revisar y procesar productos devueltos.

c) Realizar inventarios periódicos.

2.6. **¿Qué se hace en la zona de preparación de pedidos?**

a) Se recibe la mercancía.

b) Se empaquetan los productos para su envío.

c) Se almacenan los productos devueltos.

2.7. **¿Cuál es el objetivo principal de la zona de salidas y verificaciones?**

a) Recibir a los clientes.

b) Verificar la calidad de los productos.

c) Preparar los pedidos para su envío.

2.8. **¿Qué se gestiona en la zona de oficinas y servicios de un almacén?**

a) La recepción de productos.

b) La administración y control del almacén.

c) La preparación de pedidos.

2.9. **¿Qué se considera al diseñar las dimensiones y capacidades de un almacén?**

a) La ubicación geográfica.

b) La demanda de productos.

c) El tamaño del equipo de trabajo.

2.10. **¿Cuál es una función clave del equipamiento de almacenes?**

a) Optimizar los costos de transporte.

b) Facilitar la manipulación y almacenamiento de productos.

c) Administrar la contabilidad del inventario.

2.11. **¿Qué elementos se incluyen en el equipamiento de almacenes?**

a) Máquinas expendedoras.

b) Estanterías y carretillas.

c) Equipos de oficina.

2.12. **¿Cuál es una técnica común de manipulación y transporte interno en un almacén?**

a) La impresión de etiquetas.

b) El uso de drones.

c) El uso de carretillas elevadoras.

2.13. **¿Qué función tienen los transelevadores en un almacén?**

a) Transportar productos a largas distancias.

b) Cargar y descargar camiones.

c) Almacenar y recuperar productos de las estanterías.

2.14. **¿Cuál es una ventaja de los almacenes automáticos?**

a) Mayor flexibilidad en la gestión del inventario.

b) Reducción de costos laborales.

c) Mayor riesgo de errores en el proceso de almacenamiento.

2.15. **¿Qué proporcionan los informes y estadísticas en un almacén automático?**

a) Datos sobre el clima local.

b) Información sobre el rendimiento y la eficiencia del almacén.

c) Recomendaciones de moda.

2.16. **¿Cuál es una característica de los sistemas de identificación automática?**

a) Utilizan código de barras y RFID.

b) Requieren inspección manual.

c) Son menos precisos que los métodos manuales.

2.17. **¿Qué se entiende por punto de pedido en la gestión de *stocks*?**

a) El nivel de inventario en el que se realiza un pedido de reaprovisionamiento.

b) La cantidad máxima de productos que se pueden almacenar.

c) El número de pedidos realizados en un día determinado.

2.18. **¿Qué implica el concepto de inventario permanente?**

a) Contar con una lista actualizada de productos en todo momento.

b) Realizar inventarios físicos periódicos.

c) Mantener un nivel constante de inventario en todo momento.

2.19. **¿Cuál es una ventaja de realizar un inventario rotativo?**

a) Mayor precisión en la contabilidad del inventario.

b) Menor tiempo dedicado a la realización de inventarios.

c) Mayor riesgo de errores en la gestión del inventario.

2.20. **¿Qué aspectos legales se deben tener en cuenta en la gestión de inventarios?**

a) Las normativas de seguridad alimentaria.

b) Las regulaciones de importación y exportación.

c) Las políticas de vacaciones de los empleados.

2.21. **¿Cuál es un elemento clave en la manipulación segura de carretillas elevadoras?**

a) No utilizar cinturón de seguridad.

b) Mantener una velocidad alta en todo momento.

c) Realizar inspecciones periódicas del equipo.

2.22. **¿Cuál es una función principal de la preparación de pedidos en un almacén?**

a) Revisar la documentación de los productos.

b) Empaquetar los productos para su envío.

c) Almacenar los productos en estanterías.

2.23. **¿Qué factor importante se debe considerar al calcular el costo de almacenamiento?**

a) El precio del transporte.

b) El valor de los productos almacenados.

c) El clima local.

2.24. **¿Por qué es importante minimizar los costos de pedido en la gestión de *stocks*?**

a) Para aumentar la satisfacción del cliente.

b) Para reducir los gastos operativos.

c) Para aumentar la precisión del inventario.

2.25. **¿Qué función tiene la intranet corporativa en la gestión logística?**

a) Facilitar la comunicación interna.

b) Gestionar los pedidos de los clientes.

c) Supervisar el inventario en tiempo real.

3

Procesos de reaprovisionamiento y gestion de *stocks*

En esta Unidad 3 estudiaremos la importancia de los inventarios dentro de cada centro logístico además de todas las herramientas de movimiento que podemos utilizar y el grado de automatismo para cada proceso.

En esta unidad, nos adentraremos en los procesos fundamentales de reaprovisionamiento y gestión de *stocks* en un almacén. Estos procesos son esenciales para garantizar que los productos estén disponibles en la cantidad adecuada en todo momento y para evitar tanto la escasez como el exceso de inventario.

3.1. El reaprovisionamiento

El reaprovisionamiento es el proceso mediante el cual se reponen los productos en el almacén para mantener niveles de inventario adecuados. Este proceso se basa en la predicción de la demanda futura y en la determinación de cuándo y cuánto reabastecerse.

Para llevar a cabo un reaprovisionamiento efectivo, es crucial tener en cuenta los siguientes aspectos.

3.1.1. Niveles de *stocks*

Los niveles de *stocks* se refieren a la cantidad de productos que se mantienen en el inventario en un momento dado. Estos niveles pueden variar según las necesidades del negocio y dependen de factores como la demanda del cliente, los plazos de entrega de los proveedores y la capacidad de almacenamiento del almacén.

Una gestión eficiente de inventarios es crucial para cualquier empresa, ya que permite equilibrar la disponibilidad de productos con la optimización de costos. Para lograr esto, es esencial comprender y manejar adecuadamente los diferentes niveles de *stocks*.

A continuación, se detallan los principales niveles de *stocks* y su importancia en la logística y gestión de inventarios.

STOCK DE SEGURIDAD

El **stock de seguridad** es una cantidad adicional de productos que se mantiene en el inventario para cubrir la demanda imprevista o las fluctuaciones en el tiempo de entrega. Este nivel de inventario actúa como un colchón de seguridad para proteger a la empresa de variaciones inesperadas en la demanda de los clientes o retrasos en el suministro.

El *stock* de seguridad es importante para:

- **Prevención de roturas de *stock*:** mantener un *stock* de seguridad ayuda a evitar situaciones en las que la empresa se quede sin productos disponibles, lo que podría resultar en pérdida de ventas y clientes insatisfechos.

- **Flexibilidad operativa:** proporciona a la empresa una mayor flexibilidad para adaptarse a cambios repentinos en la demanda o problemas en la cadena de suministro.

- **Reputación y servicio al cliente:** ayuda a mantener la reputación de la empresa al asegurar que los clientes siempre puedan encontrar los productos que necesitan.

PUNTO DE PEDIDO

El **punto de pedido** es el nivel de inventario en el que se debe realizar un pedido de reaprovisionamiento para evitar quedarse sin existencias. Este punto se calcula considerando el tiempo de entrega del proveedor y la tasa de demanda durante ese periodo.

Fórmula básica:

Punto de pedido = (Demanda diaria promedio × Tiempo de entrega) + *Stock* de seguridad

> **Ejemplo:**
>
> Si una empresa vende en promedio 50 unidades al día y el tiempo de entrega del proveedor es de 10 días, con un *stock* de seguridad de 100 unidades, el punto de pedido sería (50 × 10) + 100 = 600 unidades.

STOCK MÍNIMO

El **stock mínimo** es la cantidad mínima de productos que se deben mantener en el inventario para garantizar una operación continua. Este nivel asegura que la empresa pueda seguir operando y atendiendo a sus clientes incluso si hay interrupciones menores en el suministro.

Las características del *stock* mínimo:

- **Operación continua:** mantener un *stock* mínimo garantiza que la producción o las ventas no se detengan debido a la falta de insumos o productos.

- **Gestión de riesgos:** ayuda a gestionar riesgos asociados con interrupciones en la cadena de suministro.

> **Ejemplo de aplicación:**
>
> Una empresa que fabrica productos electrónicos podría establecer un *stock* mínimo de componentes críticos para asegurarse de que siempre pueda continuar la producción, incluso si hay retrasos en las entregas de los proveedores.

STOCK MÁXIMO

El **stock máximo** es el nivel máximo de inventario que se debe mantener para evitar el exceso de almacenamiento y los costos asociados. Este nivel se establece para asegurar que la empresa no sobrepase su capacidad de almacenamiento ni incurra en costos innecesarios.

El *stock* máximo se usa para:

- **Control de costos:** mantener el inventario por debajo del *stock* máximo ayuda a evitar costos de almacenamiento excesivos, como alquiler de espacio adicional y deterioro de productos.

- **Balance financiero:** un inventario excesivo puede inmovilizar capital que podría utilizarse para otras operaciones, afectando negativamente el flujo de caja y el balance financiero de la empresa.

- **Eficiencia operativa:** ayuda a mantener la eficiencia operativa al evitar la congestión en las áreas de almacenamiento y facilitar la gestión del inventario.

3.1.2. Factores de reaprovisionamiento

El proceso de reaprovisionamiento está influenciado por una serie de factores interrelacionados que afectan la demanda y la disponibilidad de productos en el almacén. Estos factores desempeñan un papel crucial en la planificación y ejecución del reaprovisionamiento, y su comprensión es esencial para garantizar un inventario óptimo y una operación eficiente.

A continuación, profundizaremos en los principales factores de reaprovisionamiento:

1. Historial de ventas:

   El análisis del historial de ventas es fundamental para predecir la demanda futura y determinar la cantidad de productos que se deben reabastecer. Examinar patrones de ventas anteriores, tendencias estacionales y cambios en el comportamiento del consumidor permite a los gestores de inventario anticipar las necesidades del mercado y ajustar los niveles de *stocks* en consecuencia.

   Además, el uso de técnicas estadísticas como el promedio móvil ponderado y el análisis de series temporales ayuda a mejorar la precisión de las proyecciones de demanda.

2. *Lead time* de los proveedores:

   El *lead time* de los proveedores se refiere al tiempo que transcurre desde que se realiza un pedido de reaprovisionamiento hasta que se recibe la mercancía en el almacén. Este factor es crucial en la planificación de inventario, ya que influye en el momento en que se deben realizar los pedidos para evitar quedarse sin existencias (evitar tener roturas de *stocks*).

   Una gestión eficiente del *lead time* requiere una comunicación efectiva con los proveedores, el establecimiento de acuerdos claros sobre plazos de entrega y la monitorización constante del desempeño del proveedor.

3. Estacionalidad:

   Las fluctuaciones estacionales en la demanda son un factor importante que se debe tener en cuenta en el proceso de reaprovisionamiento. Los cambios en las condiciones climáticas, las festividades o los eventos específicos pueden afectar significativamente los patrones de compra de los clientes y, por lo tanto, la demanda de ciertos productos. La identificación de tendencias estacionales y la adaptación de los niveles de *stocks* en consecuencia son fundamentales para evitar excesos o faltantes de inventario durante periodos de alta demanda.

4. Tendencias del mercado:

   Las tendencias del mercado, como cambios en las preferencias del consumidor, avances tecnológicos o tendencias de la industria, también pueden influir en el proceso de reaprovisionamiento. Las empresas deben estar atentas a estos cambios y ajustar su estrategia de inventario en consecuencia.

   Por ejemplo, el lanzamiento de un nuevo producto o la introducción de una nueva tecnología pueden generar un aumento en la demanda de ciertos productos y requerir un ajuste en los niveles de *stocks* para satisfacer las necesidades del mercado.

5. Ciclo de vida del producto:

   El ciclo de vida del producto, que incluye etapas como introducción, crecimiento, madurez y declive, también afecta al proceso de reaprovisionamiento.

   Durante las etapas de introducción y crecimiento, la demanda puede ser volátil y difícil de predecir, mientras que en las etapas de madurez y declive, es posible que sea necesario ajustar los niveles de inventario para evitar obsolescencias y minimizar costos.

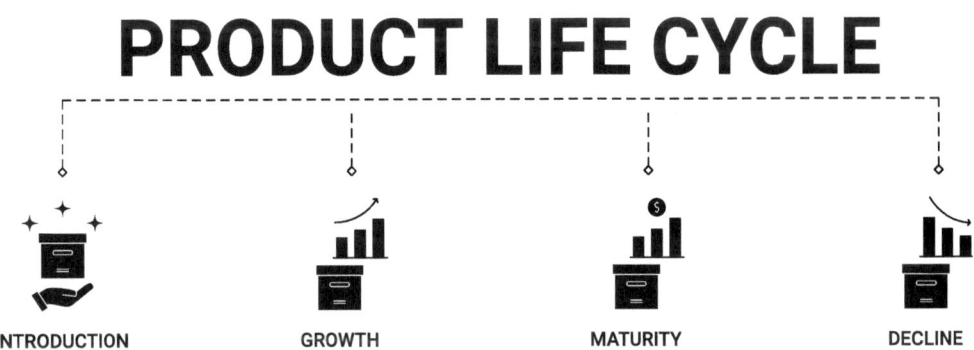

Figura 3.1. Ciclo de vida producto.

Fase de introducción: en esta fase, el producto se lanza al mercado. Las ventas son bajas y el crecimiento es lento, ya que el producto es nuevo y aún no es conocido por los consumidores.

Características:

- *Marketing* y promoción: elevados gastos en publicidad y promoción para crear conciencia sobre el producto.

- Costos: altos costos de producción y *marketing* debido a la falta de economías de escala.

- Competencia: baja competencia, ya que el producto es nuevo en el mercado.

- Beneficios: generalmente, las ganancias son negativas o bajas debido a los altos costos y bajas ventas.

Fase de crecimiento: el producto comienza a ganar aceptación en el mercado y las ventas aumentan rápidamente. La empresa puede comenzar a ver beneficios.

Características:

- *Marketing* y promoción: promoción enfocada en diferenciar el producto y fortalecer la marca.

- Costos: reducción de costos unitarios debido a las economías de escala y una mayor eficiencia en la producción.

- Competencia: aumento de la competencia a medida que otros competidores entran en el mercado.

- Beneficios: aumento de beneficios debido al crecimiento de las ventas y reducción de costos.

Fase de madurez: las ventas comienzan a estabilizarse. El mercado está saturado y el crecimiento se ralentiza. Las empresas deben esforzarse por mantener su cuota de mercado.

Características:

- *Marketing* y promoción: promoción centrada en destacar las características y beneficios del producto frente a los competidores.

- Costos: estabilización de costos, aunque las empresas pueden buscar maneras de reducir costos para mantener la rentabilidad.

- Competencia: alta competencia, con muchas empresas luchando por mantener su cuota de mercado.

- Beneficios: los beneficios pueden ser altos, pero empiezan a estabilizarse o incluso a disminuir debido a la competencia y la saturación del mercado.

Fase de declive: las ventas y beneficios comienzan a disminuir. El producto se vuelve obsoleto debido a cambios en las preferencias de los consumidores, nuevas tecnologías o la entrada de productos superiores.

Características:

- *Marketing* y promoción: reducción del gasto en promoción y *marketing*. Las empresas pueden optar por retirarse gradualmente del mercado.

- Costos: intentos de reducir costos y liquidar inventarios. Las empresas pueden reducir la producción.

- Competencia: disminución de la competencia, ya que algunos competidores se retiran del mercado.

- Beneficios: disminución de beneficios. Las empresas pueden optar por discontinuar el producto.

En resumen, los factores de reaprovisionamiento son diversos y complejos, y su gestión efectiva requiere un enfoque integrado que tenga en cuenta la demanda del mercado, el desempeño de los proveedores y las tendencias del sector. Al comprender y anticipar estos factores, las empresas pueden optimizar sus procesos de reaprovisionamiento y garantizar un inventario adecuado que satisfaga las necesidades de los clientes y maximice la rentabilidad.

3.2. Sistemas de gestión y control de *stocks*

Los sistemas de gestión y control de *stocks* son herramientas fundamentales para administrar eficazmente el inventario en un almacén. Estos sistemas pueden variar en complejidad y funcionalidad, pero su objetivo principal es optimizar los niveles de inventario, minimizar los costos de almacenamiento y asegurar la disponibilidad de productos cuando se necesiten.

Algunos de los sistemas más comunes incluyen:

- Sistemas de gestión de inventarios (SGI)

  Los sistemas de gestión de inventarios son *softwares* especializados diseñados para gestionar todas las actividades relacionadas con el inventario, desde la recepción y almacenamiento hasta la distribución y el seguimiento de las existencias.

  Los sistemas de gestión de inventarios son herramientas fundamentales para el control y la optimización de los inventarios en las empresas. Estos sistemas integran tecnología, procesos y métodos para gestionar de manera eficiente la entrada, salida y movimiento de productos en el almacén.

  Uno de los componentes principales de un SGI es el *software* especializado, que permite realizar un seguimiento detallado de las existencias, realizar pronósticos de demanda, generar órdenes de compra y establecer niveles de reabastecimiento óptimos.

  Además del *software*, los SGI también pueden incluir dispositivos de captura de datos, como lectores de códigos de barras y terminales móviles, que facilitan la identificación y el registro de los productos en el almacén en tiempo real.

  La implementación de un SGI proporciona una serie de beneficios significativos, como la reducción de costos de almacenamiento, la optimización de los niveles de inventario, la mejora de la precisión en el cumplimiento de pedidos y la capacidad de respuesta ante cambios en la demanda del mercado.

■ Tecnologías de identificación automática

Las tecnologías de identificación automática, como el código de barras y la radiofrecuencia (RFID), son herramientas importantes para el control de *stocks*. Estas tecnologías permiten una identificación rápida y precisa de los productos, facilitando la entrada y salida de mercancías del almacén, así como el seguimiento de los movimientos de inventario en tiempo real.

El código de barras y la tecnología de identificación por radiofrecuencia (RFID) son dos métodos ampliamente utilizados para la identificación y seguimiento de productos en entornos comerciales y de almacenamiento.

Aunque ambos cumplen una función similar, existen algunas diferencias importantes entre ellos:

■ Tecnología de lectura:

Código de barras: los códigos de barras se leen utilizando un escáner óptico que emite luz para leer las barras y espacios del código.

RFID: la tecnología RFID utiliza ondas de radio para transmitir datos entre una etiqueta RFID y un lector RFID.

■ Capacidad de lectura:

Código de barras: los códigos de barras deben ser escaneados uno por uno y requieren que el escáner esté dentro del rango de visión directa del código.

RFID: las etiquetas RFID pueden ser leídas a distancia y no requieren línea de visión directa entre la etiqueta y el lector. Esto permite una lectura rápida y automatizada de múltiples etiquetas simultáneamente.

■ Capacidad de almacenamiento de datos:

Código de barras: los códigos de barras pueden contener una cantidad limitada de información, generalmente hasta unos pocos cientos de caracteres.

RFID: las etiquetas RFID pueden contener una mayor cantidad de datos y pueden ser reprogramadas, lo que permite un seguimiento más detallado de los productos y la capacidad de almacenar información dinámica, como la fecha de fabricación, la fecha de caducidad y el historial de movimientos.

■ Durabilidad y resistencia:

Código de barras: los códigos de barras impresos en etiquetas de papel o plástico pueden ser susceptibles al desgaste y daño, lo que puede afectar su capacidad de lectura.

RFID: las etiquetas RFID pueden ser más duraderas y resistentes, ya que pueden estar integradas en materiales como plástico, metal o tela, y pueden soportar condiciones ambientales adversas, como humedad, polvo y temperaturas extremas.

■ Sistemas de pronóstico de la demanda

Los sistemas de pronóstico de la demanda utilizan datos históricos y modelos estadísticos para prever la demanda futura de productos. Estos sistemas ayudan a anticipar las necesidades del mercado y a planificar el inventario en consecuencia, minimizando así los riesgos de exceso o escasez de existencias.

Los sistemas de pronóstico de la demanda son herramientas fundamentales para las empresas que desean gestionar eficientemente sus inventarios y satisfacer las necesidades del mercado. Estos sistemas se basan en la recopilación y análisis de datos históricos de ventas, patrones de comportamiento del mercado, tendencias económicas, cambios estacionales y factores externos que pueden afectar la demanda de productos.

Uno de los principales beneficios de estos sistemas es su capacidad para proporcionar una visión clara y precisa de las tendencias futuras de la demanda, lo que permite a las empresas planificar de manera más efectiva la producción, la distribución y el abastecimiento de productos. Al anticipar la demanda, las empresas pueden optimizar sus niveles de inventario y evitar situaciones de exceso o escasez, lo que conlleva una reducción de costos y una mejora en la eficiencia operativa.

Los sistemas de pronóstico de la demanda pueden utilizar una variedad de modelos estadísticos y técnicas de análisis de datos, como el análisis de series temporales, regresión lineal, métodos de suavizado exponencial, modelos de redes neuronales, entre otros. Estos modelos permiten identificar patrones y relaciones en los datos históricos, y extrapolar esta información para predecir futuros niveles de demanda con un alto grado de precisión.

Además, los sistemas de pronóstico de la demanda pueden ser utilizados en diversos sectores y áreas funcionales de la empresa, incluyendo ventas, *marketing*, operaciones, logística y gestión de inventarios. Al integrar la información generada por estos sistemas en los procesos de toma de decisiones, las empresas pueden mejorar su capacidad para responder rápidamente a los cambios en el mercado y mantenerse competitivas en un entorno empresarial dinámico y en constante evolución.

3.3. Los inventarios

Los inventarios son registros detallados de los productos almacenados en un almacén, que incluyen información como la cantidad, la ubicación y el valor de cada artículo.

La gestión adecuada de los inventarios es esencial para asegurar la disponibilidad de productos, optimizar los costos y cumplir con las regulaciones legales.

3.3.1. Cómo organizar el inventario

La organización del inventario es un aspecto crucial en la gestión eficiente de un almacén. Una organización adecuada facilita la localización rápida y precisa de los productos, optimiza el flujo de trabajo y minimiza los errores en el manejo de existencias.

Aquí hay algunos aspectos importantes que se deben tener en cuenta al organizar el inventario:

- Asignación de ubicaciones de almacenamiento

  Una de las primeras decisiones al organizar el inventario es definir las ubicaciones de almacenamiento para cada tipo de producto. Estas ubicaciones deben estar claramente identificadas y estructuradas de manera lógica para facilitar la recuperación de productos. Se pueden utilizar diferentes sistemas de codificación, como códigos de ubicación alfanuméricos o etiquetas de colores, para categorizar y distinguir las áreas de almacenamiento.

- Clasificación de productos por categorías

  Es fundamental clasificar los productos por categorías o características comunes al organizar el inventario. Esto permite agrupar productos similares juntos, lo que facilita su ubicación y manejo. Las categorías pueden basarse en criterios como el tipo de producto, el tamaño, la forma, la fragilidad o la frecuencia de rotación. Una clasificación clara y coherente ayuda a minimizar la confusión y los errores durante las operaciones de almacenamiento y recuperación.

- Implementación de sistemas de etiquetado y codificación

  El uso de sistemas de etiquetado y codificación es esencial para identificar y rastrear los productos de manera eficiente. Cada artículo debe tener una etiqueta claramente visible que incluya información relevante, como el nombre del producto, el número de serie, la fecha de caducidad (si corresponde) y la ubicación de almacenamiento. Además, se pueden utilizar códigos de barras o tecnología RFID para agilizar el proceso de escaneo y seguimiento de productos.

- Consideración de factores ergonómicos y de seguridad

  Al organizar el inventario, es importante tener en cuenta los principios de ergonomía y seguridad laboral. Las áreas de almacenamiento deben diseñarse de manera que minimicen el esfuerzo físico requerido para mover y manipular productos, reduciendo así el riesgo de lesiones musculoesqueléticas. Además, se deben seguir las normas de seguridad establecidas para garantizar un entorno de trabajo seguro y prevenir accidentes o daños a los productos.

- Mantenimiento y actualización continua

  La organización del inventario no es un proceso estático; requiere un mantenimiento continuo y una actualización constante para adaptarse a las necesidades cambiantes del almacén. Se deben realizar auditorías regulares del inventario para identificar y corregir posibles discrepancias o problemas de organización.

Además, cualquier cambio en la estructura del inventario, como la incorporación de nuevos productos o la reubicación de existencias, debe documentarse y comunicarse de manera efectiva a todo el personal involucrado.

En resumen, una organización cuidadosa y metódica del inventario es fundamental para garantizar la eficiencia y la efectividad de las operaciones de almacenamiento. Al seguir los principios y prácticas recomendadas, se puede optimizar el flujo de trabajo, mejorar la precisión del inventario y promover un entorno de trabajo seguro y productivo en el almacén.

3.3.2. Aspectos legales

El manejo de inventarios también está sujeto a regulaciones legales y normativas, que varían según la industria y la ubicación geográfica.

Estas regulaciones pueden incluir requisitos de etiquetado, control de calidad, cumplimiento de normas medioambientales y seguridad de productos, entre otros aspectos.

- Legislación ambiental

  Gestión de residuos: la gestión de inventarios debe considerar las leyes ambientales sobre la disposición y reciclaje de residuos, especialmente en el manejo de materiales peligrosos.

  Impacto ambiental: los almacenes deben evaluar y minimizar su impacto ambiental, cumpliendo con regulaciones sobre emisiones, consumo energético y utilización de recursos naturales.

- Regulaciones de calidad y seguridad del producto

  Trazabilidad: las leyes exigen que los productos sean trazables a lo largo de toda la cadena de suministro, lo que implica mantener registros precisos y actualizados sobre el origen, el manejo y el destino de las mercancías.

  Etiquetado y normativas de seguridad: los productos deben cumplir con las normativas de etiquetado y seguridad, garantizando que la información sobre el producto sea clara y precisa para los consumidores.

- Normativas fiscales y contables

  Inventarios y auditorías: la legislación fiscal requiere que las empresas mantengan registros precisos de inventarios y que realicen auditorías periódicas para asegurar la exactitud de los informes financieros.

  Valoración de inventarios: es necesario seguir los principios contables generalmente aceptados (GAAP) o las Normas Internacionales de Información Financiera (NIIF) para la valoración de inventarios, asegurando así la transparencia y exactitud en los estados financieros.

■ Protección de datos

Privacidad de la información: la gestión de inventarios también debe considerar las leyes de protección de datos, especialmente si se manejan datos personales de clientes o empleados. Es esencial implementar políticas de privacidad y seguridad de la información para proteger estos datos.

3.3.3. Inventario permanente

El inventario permanente es un método de seguimiento continuo de las existencias en un almacén, donde se actualizan regularmente los registros de inventario para reflejar los movimientos de productos en tiempo real.

Este enfoque contrasta con el inventario periódico, donde se realizan recuentos físicos periódicos para determinar el nivel de existencias.

IMPORTANCIA DEL INVENTARIO PERMANENTE

El inventario permanente ofrece varias ventajas significativas en comparación con el inventario periódico.

En primer lugar, proporciona una visión precisa y actualizada del nivel de existencias en todo momento, lo que permite una toma de decisiones más informada y una planificación más eficiente de la producción y la distribución.

Además, al mantener registros precisos y actualizados, el inventario permanente facilita la identificación rápida de discrepancias o irregularidades en las existencias, lo que ayuda a prevenir pérdidas por robos, errores de inventario o desfases en el registro de movimientos de productos.

PROCESO DE IMPLEMENTACIÓN

Para implementar un sistema de inventario permanente, es necesario contar con un sistema de gestión de inventarios (SGI) adecuado que permita el seguimiento en tiempo real de las existencias. Este sistema debe integrarse con otros sistemas empresariales, como el sistema de ventas, el sistema de compras y el sistema de producción, para garantizar una sincronización precisa de la información y una visión holística de las operaciones comerciales. Además, se deben establecer procedimientos claros y protocolos de trabajo para el registro y la actualización de los movimientos de productos, así como para la reconciliación periódica de los registros de inventario con el inventario físico.

TECNOLOGÍA APLICADA

El inventario permanente se beneficia en gran medida de las tecnologías de identificación automática, como el código de barras y la radiofrecuencia (RFID). Estas tecnologías permiten una captura rápida y precisa de los datos de inventario, facilitando la actualización en tiempo real de los registros de existencias. Además, el uso de dispositivos móviles, como lectores de códigos de barras y terminales portátiles, agiliza el proceso de registro de movimientos de productos y mejora la eficiencia operativa en el almacén.

Ventajas:

- Actualización continua: mantiene el inventario actualizado en tiempo real, proporcionando datos precisos y actuales para la toma de decisiones.

- Mejor control: permite un control continuo y detallado de las existencias, ayudando a detectar y corregir errores rápidamente.

- Facilita la planificación: mejora la planificación de compras y producción al disponer de información siempre actualizada sobre los niveles de inventario.

Inconvenientes:

- Costos de implementación: puede ser costoso de implementar y mantener, ya que requiere sistemas de gestión de inventarios avanzados y personal capacitado.

- Complejidad: la gestión continua del inventario puede ser compleja y requerir procesos bien definidos y seguidos al pie de la letra.

- Dependencia de tecnología: la precisión del inventario permanente depende en gran medida de la tecnología y de la correcta introducción de datos por parte del personal.

3.3.4. Inventario físico

El inventario físico es un recuento manual de existencias realizado periódicamente para verificar la precisión de los registros de inventario. Este proceso implica contar físicamente cada artículo en el almacén y comparar los resultados con los datos del sistema de gestión de almacén. Es decir, comparar que el *stock* que vemos físicamente es el mismo *stock* que está registrado informáticamente. Y de no ser así, hacer el ajuste pertinente para que de nuevo, vuelva a coincidir el nivel de *stock* físico con el informático.

El inventario físico es una práctica recomendada para identificar y corregir errores en los registros de inventario.

> **Ejemplo:**
>
> Si en nuestra web aparece que tenemos 10 bicicletas, los clientes podrán pedir hasta ese número de artículos. Si físicamente en nuestro almacén solo tenemos 8, habrá 2 clientes que sufran una rotura de *stock* después de hacer su pedido, al no poderles servir las bicicletas. Esto conlleva una insatisfacción del cliente y una mala opinión de nuestra gestión.

Ventajas:

- Exactitud: proporciona un recuento físico de las existencias, lo que ayuda a corregir cualquier discrepancia con los registros contables.

- Auditoría completa: es útil para auditorías y comprobaciones anuales, proporcionando una instantánea precisa del inventario en una fecha específica.

- Control: permite verificar la condición física de los productos, detectando posibles deterioros o caducidades.

Inconvenientes:

- Interrupción de operaciones: puede requerir detener las operaciones del almacén, afectando la productividad y el flujo de trabajo.

- Carga de trabajo intensa: suele ser intensivo en tiempo y recursos, y puede ser estresante para el personal involucrado.

- Frecuencia baja: al ser costoso y laborioso, no se realiza con frecuencia, lo que puede llevar a la falta de datos actualizados para la gestión diaria.

3.3.5. Inventario único

El inventario único es un método de gestión de inventarios en el que cada producto se registra una sola vez, independientemente de su ubicación dentro del almacén.

Este enfoque simplifica la gestión de inventarios al eliminar la necesidad de realizar seguimientos separados para productos idénticos en diferentes ubicaciones.

Ventajas:

- Simplicidad administrativa: se realiza en una sola fecha, facilitando la planificación y coordinación de los recursos necesarios para su ejecución.

- Visión general: ofrece una visión completa y detallada del inventario en un momento específico, lo cual es útil para informes anuales y auditorías.

- Identificación de discrepancias: ayuda a identificar discrepancias entre el inventario físico y los registros contables, lo que puede ser crucial para ajustes anuales y auditorías fiscales.

Inconvenientes:

- Interrupción de operaciones: puede requerir el cierre temporal del almacén, interrumpiendo las operaciones y afectando la productividad.

- Carga de trabajo: la realización de un inventario único puede ser intensa y requerir mucho tiempo y personal, lo que puede resultar en costos adicionales.

- Poca actualización: al hacerse solo una vez al año, los datos pueden no estar actualizados para la toma de decisiones diaria.

3.3.6. Inventario rotativo

El inventario rotativo, también conocido como inventario cíclico o rotación de inventario, es un método de gestión de existencias que implica la revisión periódica y continua de un subconjunto de productos dentro de un almacén.

A diferencia del inventario periódico, donde se realiza un recuento general de existencias en intervalos regulares, el inventario rotativo se centra en la revisión y el recuento de un grupo específico de productos en un ciclo determinado, generalmente de forma semanal, mensual o trimestral.

El proceso de inventario rotativo se basa en la selección aleatoria o predefinida de una muestra representativa de productos para su conteo y verificación.

Este enfoque permite una cobertura completa y regular del inventario sin interrumpir significativamente las operaciones normales del almacén. Durante el proceso de inventario rotativo, se designa un equipo de trabajo encargado de realizar el recuento físico de los productos seleccionados, utilizando herramientas como dispositivos móviles, lectores de códigos de barras o terminales de radiofrecuencia (RF) para registrar los resultados de forma precisa y eficiente.

El inventario rotativo ofrece una serie de beneficios significativos para la gestión de existencias en un almacén.

En primer lugar, al realizar recuentos frecuentes y regulares de inventario, se reducen las posibilidades de discrepancias y errores en los registros de existencias, lo que contribuye a una mayor precisión y fiabilidad de los datos. Además, al identificar y corregir las discrepancias de inventario de manera oportuna, se minimizan los riesgos de pérdidas por robos, errores de inventario o desfases en el registro de movimientos de productos.

Para implementar un sistema de inventario rotativo de manera efectiva, es fundamental establecer un plan detallado que incluya la frecuencia y el alcance de los recuentos, los criterios de selección de productos, los procedimientos de conteo y verificación, así como los protocolos de registro y reconciliación de los resultados. Además, se deben asignar recursos adecuados, como personal capacitado y equipamiento necesario, para llevar a cabo los recuentos de inventario de manera eficiente y precisa.

Ventajas:

- Menor interrupción: al realizarse en partes, no requiere el cierre total del almacén, minimizando la interrupción de las operaciones.

- Detección oportuna: permite la detección y corrección de discrepancias de manera continua, mejorando la precisión del inventario.

- Distribución del trabajo: distribuye la carga de trabajo a lo largo del año, evitando picos de actividad intensos.

Inconvenientes:

- Planificación compleja: requiere una planificación detallada para asegurarse de que todas las áreas del almacén sean contadas regularmente.

- Formación del personal: puede necesitar una formación continua del personal para asegurar la precisión y consistencia en el conteo.

- Menos detalle global: puede ser difícil obtener una visión completa del inventario en un momento específico, ya que el inventario total se actualiza en partes.

3.4. Los elementos de manutención

Los elementos de manutención son herramientas fundamentales en la gestión eficiente de un almacén, ya que facilitan el movimiento y la manipulación de productos dentro de las instalaciones.

Estos elementos pueden ser fijos o móviles, diseñados para cumplir funciones específicas en el proceso logístico.

3.4.1. Elementos de manutención fijos y móviles

Los elementos de manutención se pueden clasificar en dos categorías principales: fijos y móviles.

Los elementos fijos incluyen estructuras permanentes, como estanterías, *racks* y plataformas de almacenamiento, que proporcionan soporte y organización para los productos almacenados.

Por otro lado, los elementos móviles son equipos diseñados para el transporte y la manipulación de productos, como carretillas, transelevadores y sistemas de transporte automatizados.

3.4.2. Carretillas

Las carretillas son elementos de manutención móviles diseñados para el transporte de carga en distancias cortas dentro del almacén. Están disponibles en una variedad de tipos y configuraciones, incluyendo carretillas elevadoras, transpaletas manuales y eléctricas, y apiladores.

Cada tipo de carretilla está diseñado para adaptarse a diferentes tipos de carga y entornos de trabajo, ofreciendo capacidades de elevación variables y características de maniobrabilidad para satisfacer las necesidades específicas del almacén.

A continuación, describiremos algunas de las carretillas más comunes utilizadas en almacenes:

■ Carretillas elevadoras contrapesadas

Las carretillas elevadoras contrapesadas son quizás las más comunes y versátiles en los almacenes. Están diseñadas con contrapesos integrados en la parte trasera del vehículo para equilibrar el peso de la carga levantada en el frontal. Estas carretillas pueden operar en espacios reducidos y son ideales para apilar y mover paletas en estanterías altas.

(En España, son comúnmente llamadas «toro»).

Figura 3.2. Toro.

■ Carretillas retráctiles

Las carretillas retráctiles son similares a las contrapesadas, pero cuentan con un mástil retráctil que permite extenderse y retraerse hacia adelante, lo que les permite operar en pasillos estrechos y alcanzar alturas de elevación mayores. Son ideales para almacenes con estanterías altas y espacios limitados.

Figura 3.3. Retráctil.

■ Carretillas de pasillo estrecho

Estas carretillas están diseñadas específicamente para operar en pasillos estrechos y optimizar el espacio de almacenamiento. Son más delgadas que las carretillas convencionales y pueden maniobrar fácilmente en pasillos estrechos sin comprometer la capacidad de carga o la altura de elevación.

Figura 3.4. Carretilla de pasillo estrecho.

■ Apiladores eléctricos

Los apiladores eléctricos son carretillas compactas diseñadas para levantar y transportar cargas en distancias cortas. Son ideales para cargar y descargar camiones, así como para mover mercancías en áreas de almacenamiento compactas. Algunos modelos están equipados con plataformas elevadoras que permiten al operador elevarse junto con la carga para un mejor control y visibilidad.

Figura 3.5. Apilador.

■ Transpaletas eléctricas

Las transpaletas eléctricas son carretillas de bajo perfil diseñadas para transportar y levantar paletas a cortas distancias. Son ideales para mover mercancías en áreas de carga y descarga, así como para cargar y descargar camiones. Algunos modelos cuentan con sistemas de dirección asistida que facilitan la maniobra en espacios reducidos.

Figura 3.6. Transpaleta eléctrica.

- Carretilla recogepedidos (*order pickers*)

    Los recogepedidos son un tipo de maquinaria logística y de almacenaje diseñada para facilitar la preparación de pedidos y las tareas de *picking* en altura (baja, media, alta). También son conocidos como carretillas preparadoras de pedidos o máquina de *picking*.

    La máquina recogepedidos es la mejor solución para realizar las tareas de preparación y recolección de mercancías. Gracias a su versatilidad y funcionalidad, con la carretilla recogepedidos es posible manejar diferentes tipos de mercancías, desde productos individuales hasta palés o artículos de gran volumen.

Figura 3.7. Carretilla recogepedidos.

CONSIDERACIONES DE SEGURIDAD

Es importante destacar que, independientemente del tipo de carretilla utilizada, es fundamental seguir estrictas medidas de seguridad durante su operación. Esto incluye la capacitación adecuada de los operadores, la inspección regular de las carretillas, el mantenimiento preventivo y el cumplimiento de las normativas de seguridad en el lugar de trabajo.

3.4.3. Transelevadores

Los transelevadores son elementos de manutención automatizados diseñados para el almacenamiento y recuperación automatizados de productos en estanterías de gran altura.

Los transelevadores están equipados con una plataforma de carga que se desplaza horizontal y verticalmente a lo largo de los pasillos del almacén. Utilizan un sistema de guía para desplazarse con precisión a lo largo de las estanterías y un sistema de elevación para levantar y bajar la carga en las ubicaciones de almacenamiento.

Figura 3.8. Transelevador.

Sus cuatro características más señaladas son:

- Altura de almacenamiento: los transelevadores pueden alcanzar alturas significativas, permitiendo el almacenamiento eficiente de mercancías en estanterías de varios niveles. Esto maximiza el espacio disponible en el almacén y permite una mayor capacidad de almacenamiento.

- Automatización: los transelevadores son completamente automáticos y pueden integrarse con sistemas de gestión de almacenes (SGA) para optimizar el flujo de trabajo y minimizar los tiempos de ciclo. Esto permite una gestión eficiente de los inventarios y una mayor productividad en el almacén.

- Versatilidad: los transelevadores pueden manipular una variedad de tipos de carga, incluidas cajas, paletas y contenedores, lo que los hace adecuados para una amplia gama de aplicaciones de almacenamiento.

- Seguridad: los transelevadores están equipados con sistemas de seguridad avanzados, como sensores de detección de obstáculos, sistemas de frenado automático y dispositivos de protección perimetral, para garantizar un entorno de trabajo seguro.

Los transelevadores permiten obtener estos beneficios:

- Ahorro de espacio: almacenar mercancías en estanterías de altura maximiza el espacio disponible en el almacén, lo que permite un almacenamiento más eficiente y una mayor capacidad de almacenamiento.

- Mayor productividad: la automatización de las operaciones de almacenamiento con transelevadores reduce la dependencia de la mano de obra manual, lo que aumenta la productividad y reduce los tiempos de ciclo.

- Precisión y fiabilidad: los transelevadores están diseñados para operar con precisión y fiabilidad, lo que garantiza una gestión eficiente de inventarios y una mayor precisión en las operaciones de almacenamiento.

Por lo tanto, los transelevadores son una solución eficiente y versátil para el almacenamiento automatizado en almacenes de gran altura. Su capacidad para maximizar el espacio disponible, aumentar la productividad y garantizar la precisión en las operaciones los convierte en una opción ideal para almacenes con altos volúmenes de movimiento de mercancías.

IMPORTANCIA DE LOS ELEMENTOS DE MANUTENCIÓN

Los elementos de manutención desempeñan un papel crucial en la optimización de las operaciones de almacén, permitiendo un flujo de trabajo eficiente y una manipulación segura de los productos. Al seleccionar y utilizar los elementos de manutención adecuados, las empresas pueden mejorar la productividad, minimizar los tiempos de manipulación y reducir el riesgo de daños en los productos y en las instalaciones.

3.5. Los almacenes automáticos: utilizar las ayudas que ofrece el control mecanizado de los *stocks*

En la era moderna de la logística y la gestión de almacenes, los sistemas automatizados desempeñan un papel fundamental en la optimización de las operaciones y la mejora de la eficiencia.

Los almacenes automáticos emplean tecnología avanzada para gestionar y controlar los *stocks* de manera eficaz y precisa, lo que permite a las empresas optimizar sus procesos de almacenamiento y distribución.

Figura 3.9. Almacenes automatizados en procesos y estanterías.

Los almacenes automatizados son instalaciones logísticas donde las tareas de almacenamiento, recuperación y manejo de mercancías se realizan mediante sistemas automatizados, reduciendo al mínimo la intervención humana. Estos almacenes emplean una variedad de tecnologías avanzadas, como robots, sistemas de transportadores, transelevadores y *software* de gestión de almacenes (WMS, por sus siglas en inglés) para optimizar las operaciones.

Ventajas de los almacenes automatizados

1. **Eficiencia operativa**: la automatización reduce el tiempo de operación y mejora la precisión en la gestión de inventarios. Los robots y sistemas automatizados pueden trabajar las 24 horas del día sin necesidad de descansos, aumentando la productividad.

2. **Reducción de errores**: al minimizar la intervención humana, se reducen los errores asociados con el manejo manual de mercancías. Esto incluye errores de *picking*, almacenamiento incorrecto y daño a productos.

3. **Optimización del espacio**: los sistemas automatizados permiten una mejor utilización del espacio vertical y horizontal del almacén. Los transelevadores y otros equipos pueden operar en pasillos estrechos y alturas elevadas, maximizando la capacidad de almacenamiento.

4. **Costos operativos**: aunque la inversión inicial es alta, los costos operativos a largo plazo son menores debido a la reducción en la necesidad de personal y la disminución de errores y daños en la mercancía.

5. **Mejora en la seguridad**: la automatización reduce el riesgo de accidentes laborales al disminuir la interacción entre los trabajadores y los equipos de manejo de materiales.

Desventajas de los almacenes automatizados

1. **Inversión inicial alta**: la implementación de sistemas automatizados requiere una inversión significativa en infraestructura, tecnología y capacitación del personal.

2. **Mantenimiento y actualización**: los sistemas automatizados requieren mantenimiento regular y, a veces, actualizaciones de *software* y *hardware*, lo que puede generar costos adicionales.

3. **Flexibilidad limitada**: algunos sistemas automatizados pueden ser menos flexibles que los humanos para adaptarse a cambios repentinos en la demanda o en la estructura del almacén.

Tendencias en automatización de almacenes:

1. **Robots colaborativos (cobots)**: los cobots son robots diseñados para trabajar junto a los humanos en tareas de almacén. Son más seguros y flexibles que los robots tradicionales, permitiendo una colaboración eficiente entre humanos y máquinas.

Figura 3.10. Robots preparando pedidos.

2. **Inteligencia artificial y *machine learning***: estas tecnologías se utilizan para mejorar la predicción de la demanda, optimizar rutas de *picking* y gestionar el inventario de manera más eficiente. Los algoritmos de *machine learning* pueden aprender de los patrones de datos y ajustar las operaciones en tiempo real.

3. **Internet de las cosas (IoT)**: los dispositivos IoT conectados permiten la monitorización en tiempo real de las condiciones del almacén, como la temperatura, la humedad y el estado de los equipos. Esto mejora la visibilidad y el control sobre el inventario y las operaciones.

Figura 3.11. Todo conectado.

4. **Sistemas de gestión de almacenes (WMS) avanzados**: los WMS modernos integran múltiples tecnologías y proporcionan análisis de datos avanzados, permitiendo una gestión más eficiente y precisa de las operaciones del almacén.

5. **Vehículos guiados automáticamente (AGV)**: los AGV son robots móviles que transportan mercancías dentro del almacén sin necesidad de conductores humanos. Utilizan rutas predefinidas y pueden adaptarse a cambios en el entorno del almacén.

Figura 3.12. AGV para acercar producto.

6. **Drones**: los drones se utilizan para realizar inventarios aéreos, inspeccionar estanterías altas y monitorear las condiciones del almacén. Pueden realizar estas tareas de manera rápida y eficiente, ahorrando tiempo y recursos.

Figura 3.13. Dron escaneando artículos.

7. **Tecnología de realidad aumentada (AR)**: la AR se utiliza para asistir a los trabajadores en la preparación de pedidos y el *picking*, proporcionando instrucciones visuales y optimizando las rutas dentro del almacén.

Figura 3.14. Preparador con ayuda de AR.

La automatización de almacenes está revolucionando la industria logística al mejorar la eficiencia, reducir costos y aumentar la precisión en las operaciones. Las últimas tendencias, como los robots colaborativos, la inteligencia artificial y el IoT, están llevando la automatización a un nuevo nivel, permitiendo una mayor flexibilidad y adaptabilidad en un entorno logístico cada vez más complejo y demandante. La inversión en estas tecnologías no solo ofrece un retorno económico a largo plazo, sino que también posiciona a las empresas para enfrentar los desafíos futuros con mayor resiliencia y agilidad.

3.5.1. Informes y estadísticas

Los almacenes automáticos están equipados con sistemas de generación de informes y estadísticas que proporcionan datos detallados sobre el rendimiento del almacén, el estado de los *stocks* y otros aspectos relevantes de la operación. Estos informes permiten a los gestores de almacén analizar el rendimiento, identificar áreas de mejora y tomar decisiones informadas para optimizar las operaciones.

Algunos de los datos que suelen incluir estos informes son:

- Inventario actual: proporciona una visión en tiempo real del inventario disponible en el almacén, incluyendo el número de unidades por artículo, su ubicación y cualquier diferencia entre el inventario teórico y el físico.

- Movimientos de *stock*: registra todas las entradas y salidas de mercancías del almacén, permitiendo un seguimiento preciso de los movimientos de *stock* a lo largo del tiempo.

- Eficiencia operativa: ofrece métricas de rendimiento clave, como el tiempo de ciclo de los pedidos, la velocidad de *picking* y la utilización de la capacidad del almacén, que ayudan a evaluar la eficiencia operativa y la productividad del almacén.

- Tendencias y patrones: analiza datos históricos para identificar tendencias y patrones en la demanda de productos, lo que permite una mejor planificación de inventario y una respuesta más ágil a las fluctuaciones del mercado.

3.5.2. Sistemas de identificación automática: código de barras

Los sistemas de identificación automática, como el código de barras, son herramientas esenciales en los almacenes automáticos para la identificación rápida y precisa de productos y ubicaciones de almacenamiento. El código de barras asigna un identificador único a cada artículo, que se representa en forma de un patrón de barras y espacios que puede ser escaneado por un lector de códigos de barras para recuperar información asociada al producto.

Figura 3.15. Trabajar con escaneo.

Los beneficios de utilizar sistemas de identificación automática, como el código de barras, incluyen:

- Precisión: la identificación automática elimina los errores humanos asociados con la entrada manual de datos, garantizando una mayor precisión en la gestión de inventarios y reduciendo los riesgos de errores de *picking* y envío.

- Velocidad: el escaneo rápido de códigos de barras permite un procesamiento más rápido de los productos y una mayor velocidad en las operaciones de *picking*, embalaje y envío.

- Trazabilidad: el uso de códigos de barras facilita la trazabilidad de los productos a lo largo de toda la cadena de suministro, desde su entrada en el almacén hasta su entrega al cliente final, lo que permite un seguimiento preciso del movimiento de los productos y una mejor gestión de los inventarios.

En resumen, los almacenes automáticos aprovechan las ayudas que ofrece el control mecanizado de los *stocks,* como los informes y estadísticas detalladas y los sistemas de identificación automática como el código de barras, para optimizar las operaciones de almacenamiento y distribución, mejorar la eficiencia y garantizar una gestión precisa y eficaz de los *stocks*.

Figura 3.16. Código de barras.

RESUMEN

La Unidad 3 aborda los aspectos fundamentales relacionados con la gestión eficiente de los *stocks* y el aprovisionamiento en un entorno logístico. Comienza explorando el concepto de reaprovisionamiento, destacando la importancia de mantener niveles óptimos de inventario para satisfacer la demanda del mercado. Se discuten los diferentes niveles de *stocks*, así como los factores que influyen en el proceso de reaprovisionamiento.

A continuación, se profundiza en los sistemas de gestión y control de *stocks*, destacando su papel en la optimización de los niveles de inventario y la mejora de la eficiencia operativa. Se exploran los diversos métodos y herramientas utilizados para organizar y realizar inventarios, incluyendo el inventario permanente, físico, único y rotativo.

El apartado también aborda los elementos de manutención utilizados en los almacenes, como las carretillas y los transelevadores, que desempeñan un papel crucial en la manipulación y el movimiento de mercancías dentro del almacén. Se ofrece una descripción detallada de las carretillas elevadoras más comunes y su función en las operaciones de almacén.

Además, se discuten los almacenes automáticos y las herramientas de control mecanizado de *stocks*, como los informes y estadísticas detalladas y los sistemas de identificación automática, como el código de barras. Se resalta la importancia de estos sistemas en la mejora de la eficiencia y la precisión en la gestión de *stocks*.

Esta unidad proporciona una visión completa de los procesos de reaprovisionamiento y gestión de *stocks*, desde la planificación y organización de inventarios hasta la implementación de sistemas avanzados de control de *stocks*. Se destaca la importancia de estos procesos en la optimización de la cadena de suministro y la mejora de la eficiencia operativa en el entorno logístico.

ACTIVIDADES FINALES

TEST DE EVALUACIÓN

3.1. **¿Cuál es el propósito del reaprovisionamiento en la gestión de *stocks*?**

a) Reducir los niveles de *stocks* al mínimo.

b) Mantener niveles de inventario constantes.

c) Asegurar que haya suficientes existencias para cubrir la demanda futura.

3.2. **¿Qué se entiende por inventario permanente?**

a) Un sistema donde se cuenta todo el inventario físicamente de forma regular.

b) Un método que registra cada transacción de inventario a medida que ocurre.

c) Un enfoque para el control de inventario que solo se utiliza en casos de emergencia.

3.3. **¿Cuál es uno de los factores de reaprovisionamiento más importantes?**

a) El clima.

b) La demanda histórica.

c) La ubicación geográfica del almacén.

3.4. **¿Qué tipos de elementos de manutención se pueden encontrar en un almacén?**

a) Fijos y móviles.

b) Pesados y ligeros.

c) Grandes y pequeños.

3.5. **¿Cuál es una función clave de los sistemas de identificación automática, como el código de barras?**

a) Reducir la eficiencia operativa.

b) Mejorar la precisión del inventario.

c) Aumentar los costos de gestión de *stocks*.

3.6. **¿Cuál es uno de los métodos para organizar el inventario en un almacén?**

a) Inventario permanente.

b) Inventario aleatorio.

c) Inventario único.

3.7. **¿Qué función cumplen los informes y estadísticas en los almacenes automáticos?**

a) Automatizar el proceso de recuento de inventario.

b) Proporcionar información sobre el rendimiento del almacén.

c) Gestionar la zona de recepción y control.

3.8. **¿Cuál es el propósito del inventario rotativo?**

a) Contar todo el inventario de una vez.

b) Realizar conteos de inventario en intervalos regulares.

c) Mantener un inventario mínimo en el almacén.

3.9. **¿Qué son los elementos de manutención móviles en un almacén?**

a) Estantes y contenedores.

b) Carretillas y transelevadores.

c) Puertas y ventanas.

3.10. **¿Cuál es uno de los objetivos principales de los sistemas de gestión y control de *stocks*?**

a) Maximizar los niveles de inventario.

b) Minimizar los costos de gestión de *stocks*.

c) Aumentar la complejidad de las operaciones de almacén.

3.11. **¿Cuál es una función importante de la zona de preparación de pedidos en un almacén?**

a) Recepción y control de mercancías.

b) Almacenamiento de productos devueltos.

c) Preparación y embalaje de productos para su envío.

3.12. **¿Qué se entiende por inventario físico?**

a) Un registro electrónico de existencias.

b) Un recuento físico de todo el inventario en un momento dado.

c) Un método para calcular la demanda futura de productos.

3.13. **¿Qué se espera encontrar en la zona de salidas y verificaciones de un almacén?**

a) Inspección de productos recibidos.

b) Embarque de productos para su entrega.

c) Almacenamiento de productos de alto valor.

3.14. **¿Qué son los elementos de manutención fijos en un almacén?**

a) Carretillas y transelevadores.

b) Estantes y *racks*.

c) Cintas transportadoras y transportadores de rodillos.

3.15. **¿Cuál es uno de los objetivos del sistema logístico en una empresa?**

a) Maximizar los costos de almacenamiento.

b) Minimizar la complejidad de las operaciones de almacén.

c) Optimizar el flujo de productos desde la adquisición hasta la distribución.

3.16. **¿Qué es el punto de pedido en la gestión de *stocks*?**

a) El nivel de inventario mínimo que se debe mantener.

b) El punto en el tiempo en el que se realiza un pedido de reaprovisionamiento.

c) El nivel de inventario máximo permitido en el almacén.

3.17. **¿Cuál es el propósito del *stock* de seguridad en la gestión de inventarios?**

a) Mantener niveles de inventario constantes.

b) Proteger contra la demanda imprevista o las fluctuaciones en el tiempo de entrega.

c) Reducir los costos de almacenamiento.

3.18. **¿Cuál es una forma de almacenamiento en un almacén automatizado?**

a) Cintas transportadoras.

b) Estanterías estáticas.

c) Montacargas manuales.

3.19. **¿Qué se espera encontrar en la zona de servicios de un almacén?**

a) Preparación de pedidos.

b) Inspección de productos.

c) Oficinas administrativas y áreas de descanso.

3.20. **¿Qué es el inventario único en la gestión de *stocks*?**

a) Un método para contar el inventario de forma regular.

b) Un sistema que registra cada transacción de inventario a medida que ocurre.

c) Un enfoque donde solo se mantiene una unidad de cada producto en el inventario.

3.21. **¿Cuál es uno de los factores que influyen en el reaprovisionamiento de inventario?**

a) El clima.

b) La demanda histórica.

c) El número de empleados del almacén.

3.22. **¿Qué son los carretillas en un almacén?**

a) Equipos de manipulación y transporte de productos.

b) Zonas de almacenamiento específicas.

c) Sistemas automatizados de gestión de *stocks*.

3.23. **¿Cuál es una función clave de los sistemas de identificación automática?**

a) Aumentar los costos de gestión de *stocks*.

b) Mejorar la precisión del inventario.

c) Reducir la eficiencia operativa.

3.24. **¿Qué es el inventario físico en la gestión de *stocks*?**

a) Un sistema para realizar un seguimiento de las transacciones de inventario.

b) Un recuento físico de todo el inventario en un momento dado.

c) Una estrategia para mantener el inventario en constante movimiento.

3.25. **¿Qué son los elementos de manutención móviles en un almacén?**

a) Estantes y contenedores.

b) Carretillas y transelevadores.

c) Puertas y ventanas.

4

Procesos de preparación de pedidos y distribución

En esta Unidad 4, exploramos los fundamentos de la preparación de pedidos, desde la recopilación de productos hasta su empaquetado y envío. También abordamos la importancia del transporte y la distribución física en la cadena de suministro, destacando las estrategias clave para garantizar la entrega eficiente de productos a los clientes.

Contenido

4.1. La preparación de pedidos

4.2. El transporte y distribución física

La preparación de pedidos y la distribución física son procesos críticos en la gestión logística de cualquier empresa. Estos procesos tienen como objetivo principal asegurar que los productos lleguen a los clientes en el momento adecuado y en las condiciones óptimas.

4.1. La preparación de pedidos

La preparación de pedidos es el proceso mediante el cual se recopilan y ensamblan los productos solicitados por los clientes para su posterior envío. Este proceso implica una serie de actividades, desde la recepción de la solicitud de pedido hasta la verificación final antes del envío.

Entre las principales etapas de la preparación de pedidos se encuentran:

- Recepción de la orden de pedido: este es el punto de partida del proceso, donde se reciben las órdenes de los clientes a través de diferentes canales, como el comercio electrónico, teléfono o correo electrónico.

- Recopilación de productos: una vez recibida la orden, se procede a recopilar los productos solicitados en el almacén. Esto puede implicar la búsqueda de los productos en diferentes ubicaciones del almacén y su traslado a una zona de preparación de pedidos.

- Verificación de productos: es crucial realizar una verificación exhaustiva de los productos recopilados para asegurar que se correspondan con los solicitados por el cliente. Esto incluye verificar la cantidad, calidad y especificaciones de cada producto. Esta fase es llamada también, control de calidad.

- Embalaje y etiquetado: una vez verificados, los productos se embalan adecuadamente para su envío, asegurando una protección adecuada durante el transporte. Además, se etiquetan correctamente con la información de envío y cualquier otra documentación necesaria.

La preparación de pedidos, también conocida como *picking*, es uno de los procesos más cruciales dentro de la gestión de almacenes y la logística. Este proceso debe ser rápido y eficiente para asegurar la satisfacción del cliente y optimizar los recursos del almacén.

La preparación de pedidos es importante para conseguir:

- Satisfacción del cliente: una preparación de pedidos precisa y eficiente garantiza que los clientes reciban sus productos correctos y a tiempo, lo cual es fundamental para la fidelización y satisfacción del cliente.

- Eficiencia operativa: optimizar el proceso de *picking* reduce el tiempo y los costos operativos, mejorando así la rentabilidad del almacén.

- Minimización de errores: un sistema bien diseñado de preparación de pedidos reduce la probabilidad de errores, como envíos incorrectos o productos dañados, lo cual también disminuye las devoluciones y los costos asociados.

Para llevar a cabo la preparación de pedidos, existen diferentes métodos de preparación de pedidos;

- *Picking* discreto (*discret picking*): en este método, un trabajador recoge un solo pedido completo antes de pasar al siguiente. Es adecuado para almacenes con bajos volúmenes de pedidos o cuando los pedidos son muy variados.

- *Picking* por lotes (*batch picking*): aquí, un trabajador recoge simultáneamente varios pedidos, agrupando artículos similares. Este método es eficiente en almacenes con grandes volúmenes de pedidos con productos comunes.

- *Picking* por zonas (*zone picking*): el almacén se divide en zonas y cada trabajador es responsable de una zona específica. Los pedidos se pasan de una zona a otra hasta completarse. Este método es efectivo en grandes almacenes con productos diversificados.

- *Picking* por ola (*wave picking*): este método organiza la preparación de pedidos en oleadas. Los trabajadores se enfocan en preparar varios pedidos simultáneamente en intervalos de tiempo programados. Es adecuado para manejar picos de demanda y coordinar mejor los envíos.

¿Qué herramientas y tecnologías se suelen utilizar en la preparación de pedidos?

- Sistemas de gestión de almacenes (WMS): los WMS son *softwares* especializados que optimizan y controlan las operaciones de almacenamiento. Ayudan a coordinar el *picking*, asignar tareas a los trabajadores y realizar un seguimiento del inventario en tiempo real.

- *Pick to light*: esta tecnología utiliza luces led para guiar a los trabajadores hacia los productos correctos en las estanterías. Mejora la precisión y reduce el tiempo de *picking*.

- *Voice picking*: utiliza comandos de voz para dirigir a los trabajadores en el proceso de *picking*. Libera las manos de los trabajadores, permitiéndoles moverse más rápidamente y con mayor precisión.

- Carros y estantes móviles: facilitan el transporte de productos dentro del almacén durante el *picking*. Pueden estar equipados con tecnologías de identificación, como códigos de barras o RFID, para mejorar la precisión.

- Robots de *picking*: la automatización mediante robots que realizan el *picking* es una tecnología emergente que puede incrementar significativamente la eficiencia y reducir los costos laborales.

4.2. El transporte y distribución física

La distribución física se refiere al movimiento físico de los productos desde el punto de origen hasta el destino final, ya sea a través de transporte terrestre, marítimo, aéreo o ferroviario.

Este proceso incluye la planificación de rutas, la selección de medios de transporte y la coordinación de la entrega con los clientes.

- Planificación de rutas: es fundamental planificar las rutas de distribución de manera eficiente para optimizar los tiempos de entrega y minimizar los costos. Esto implica considerar factores como la distancia, el tráfico y la disponibilidad de recursos.

- Selección de medios de transporte: dependiendo de las características de los productos y las necesidades del cliente, se seleccionan los medios de transporte más adecuados, como camiones, barcos, aviones o trenes.

- Coordinación de la entrega: se debe coordinar cuidadosamente la entrega de los productos con los clientes, asegurándose de cumplir con los plazos de entrega acordados y proporcionando información de seguimiento en tiempo real.

Dentro de todos los tipos de transporte que tenemos y podemos usar, pasamos a enumerar los cuatro tipos de transporte y sus diferencias.

TRANSPORTE POR CARRETERA

Ventajas:

- Flexibilidad y accesibilidad: el transporte por carretera es extremadamente flexible y puede llegar a casi cualquier destino, incluyendo zonas rurales y urbanas.

Figura 4.1. Camiones en carretera.

- Rapidez en cortas distancias: para distancias cortas y medianas, el transporte por carretera es generalmente más rápido que otros modos de transporte debido a la accesibilidad directa y la eliminación de transbordos.

- Servicio puerta a puerta: ofrece un servicio puerta a puerta, lo que minimiza la manipulación de la carga y reduce el riesgo de daños.

Desventajas:

- Capacidad limitada: los camiones tienen una capacidad de carga limitada en comparación con otros modos de transporte como el marítimo y el ferroviario.

- Dependencia del estado de las carreteras: las condiciones de las carreteras y el tráfico pueden afectar significativamente los tiempos de entrega.

- Impacto ambiental: el transporte por carretera contribuye considerablemente a la contaminación del aire y al cambio climático debido a las emisiones de los vehículos.

Características:

- Usado para: entregas locales, distribución de última milla, y transporte interurbano.

- Carga típica: mercancías diversas, incluyendo productos perecederos, bienes de consumo, y materiales industriales.

TRANSPORTE POR FERROCARRIL

Ventajas:

- Capacidad y eficiencia: los trenes pueden transportar grandes volúmenes de carga a largas distancias de manera eficiente.

Figura 4.2. Ferrocarril de mercancías.

- Menor impacto ambiental: comparado con el transporte por carretera, el ferrocarril es más amigable con el medio ambiente debido a su menor consumo de energía y menores emisiones.

- Costos reducidos: para grandes volúmenes y largas distancias, el transporte ferroviario suele ser más económico.

Desventajas:

- Menor flexibilidad: el transporte ferroviario está limitado a la red ferroviaria existente, lo que puede requerir transbordos adicionales.

- Tiempo: puede ser más lento que otros modos de transporte, especialmente en comparación con el aéreo.

- Infraestructura costosa: la construcción y mantenimiento de infraestructura ferroviaria son costosos.

Características:

- Usado para: transporte de materias primas, productos industriales y mercancías a granel.

- Carga típica: minerales, carbón, productos agrícolas y contenedores intermodales.

TRANSPORTE MARÍTIMO

Ventajas:

- Gran capacidad: los barcos pueden transportar enormes cantidades de carga a nivel mundial, lo que es ideal para mercancías a granel y contenedores.

Figura 4.3. Buque de mercancías.

- Costos bajos: es el modo de transporte más económico por tonelada-kilómetro, especialmente adecuado para largas distancias.

- Menor impacto ambiental: en términos de emisiones por tonelada-kilómetro, el transporte marítimo es relativamente eficiente.

Desventajas:

- Lentitud: el transporte marítimo es considerablemente más lento que el transporte aéreo o por carretera.

- Dependencia de puertos: requiere infraestructuras portuarias específicas y puede estar sujeto a congestión portuaria.

- Riesgos en el mar: las condiciones climáticas adversas y otros riesgos marítimos pueden afectar los tiempos de entrega.

Características:

- Usado para: comercio internacional, transporte de materias primas, productos manufacturados y contenedores.

- Carga típica: petróleo, gas natural, automóviles, maquinaria pesada y bienes de consumo en contenedores.

TRANSPORTE AÉREO

Ventajas:

- Rapidez: es el modo de transporte más rápido, ideal para entregas urgentes y de larga distancia.

Figura 4.4. Avión mercancías.

- Alta seguridad: menos manipulación de la carga reduce el riesgo de daños y pérdidas.

- Accesibilidad global: puede llegar a casi cualquier parte del mundo, ideal para mercancías internacionales.

Desventajas:

- Costos elevados: es el modo de transporte más costoso por kilogramo, adecuado solo para productos de alto valor o urgentes.

- Capacidad limitada: los aviones tienen una capacidad de carga limitada en comparación con barcos y trenes.

- Impacto ambiental: el transporte aéreo tiene un alto impacto ambiental debido a sus altas emisiones de CO_2.

Características:

- Usado para: oroductos perecederos, medicamentos, productos electrónicos y mercancías de alto valor.

- Carga típica: equipos médicos, componentes electrónicos, flores frescas, ropa de moda y productos farmacéuticos.

La elección del modo de transporte adecuado depende de múltiples factores, incluyendo la naturaleza de la carga, el tiempo de entrega requerido, los costos, y la distancia. En muchos casos, las empresas utilizan una combinación de estos modos de transporte (transporte intermodal) para optimizar la eficiencia y reducir costos, aprovechando las ventajas específicas de cada uno.

RESUMEN

Hemos estudiado la importancia de los procesos fundamentales de preparación de pedidos y distribución física en la logística empresarial.

Desde la recepción de la orden hasta la entrega final, estos procesos son vitales para garantizar la eficiencia y la satisfacción del cliente.

Abordamos la importancia de una preparación de pedidos precisa y eficiente, que incluye la recepción precisa de las órdenes, la selección y verificación de productos, así como un embalaje adecuado para su envío. Además, analizamos la planificación estratégica de rutas de distribución, la selección de medios de transporte adecuados y la coordinación precisa de la entrega para cumplir con los plazos de entrega.

ACTIVIDADES FINALES

TEST DE EVALUACIÓN

4.1. ¿Cuál es el objetivo principal de la preparación de pedidos?

a) Maximizar los costos de envío.

b) Minimizar el tiempo de entrega.

c) Optimizar la capacidad de almacenamiento.

4.2. ¿Qué implica la preparación de pedidos?

a) Organizar los productos en el almacén.

b) Seleccionar y recoger los productos solicitados por los clientes.

c) Gestionar los envíos entrantes y salientes.

4.3. ¿Cuál es una técnica comúnmente utilizada en la preparación de pedidos para optimizar la eficiencia?

a) Almacenamiento aleatorio.

b) Almacenamiento por bloques.

c) Almacenamiento en contenedores.

4.4. ¿Cuál es una función principal del transporte y la distribución física?

a) Minimizar la cantidad de productos en *stock*.

b) Mover los productos desde el almacén hasta los clientes de manera eficiente y segura.

c) Gestionar el inventario en el almacén.

4.5. ¿Qué aspecto no es parte del transporte y la distribución física?

a) Embalaje de productos.

b) Planificación de rutas de entrega.

c) Organización de productos en el almacén.

4.6. ¿Qué tipo de equipo se utiliza comúnmente en la preparación de pedidos para mover productos dentro del almacén?

a) Carretillas elevadoras.

b) Grúas.

c) Camiones de reparto.

4.7. ¿Cuál es el propósito principal del transporte y la distribución física?

a) Maximizar los costos de envío.

b) Minimizar los tiempos de entrega.

c) Optimizar la cadena de suministro.

4.8. **¿Qué técnica se utiliza para determinar la mejor secuencia de selección de productos durante la preparación de pedidos?**

a) Algoritmos de enrutamiento.

b) Análisis de demanda.

c) Gestión de inventario.

4.9. **¿Qué papel juegan los sistemas de gestión de almacenes (WMS) en la preparación de pedidos?**

a) Coordinar la mano de obra en el almacén.

b) Optimizar la ubicación de los productos.

c) Automatizar el proceso de selección de productos.

4.10. **¿Qué se entiende por *picking* en el contexto de la preparación de pedidos?**

a) Recopilación de información de clientes.

b) Selección de productos de almacenamiento para cumplir con los pedidos de los clientes.

c) Empaquetado de productos para su envío.

4.11. **¿Qué tipo de transporte es más adecuado para la distribución de productos perecederos?**

a) Transporte aéreo.

b) Transporte terrestre.

c) Transporte marítimo.

4.12. **¿Cuál es una ventaja del transporte ferroviario para la distribución de productos a larga distancia?**

a) Flexibilidad en las rutas de entrega.

b) Velocidad de entrega rápida.

c) Capacidad para transportar grandes volúmenes de carga.

4.13. **¿Qué es la consolidación de carga en el contexto del transporte y la distribución física?**

a) El proceso de dividir una carga en múltiples envíos más pequeños.

b) La combinación de múltiples envíos en una carga única para ahorrar costos.

c) La inspección de carga en los puntos de recepción.

4.14. **¿Qué tecnología se utiliza comúnmente para rastrear y monitorear envíos durante el transporte?**

a) Códigos de barras.

b) GPS.

c) RFID.

4.15. **¿Cuál es una consideración importante al planificar las rutas de entrega?**

a) Maximizar la distancia de viaje.

b) Minimizar el tiempo de entrega.

c) Ignorar las restricciones de tráfico.

4.16. **¿Qué técnica se utiliza para determinar el mejor método de embalaje para productos durante la preparación de pedidos?**

a) Análisis de costos.

b) Análisis de demanda.

c) Análisis de volumen.

4.17. **¿Qué función tiene la consolidación de envíos en el proceso de preparación de pedidos?**

a) Reducir el tiempo de entrega.

b) Optimizar el espacio en el transporte.

c) Aumentar los costos de envío.

4.18. **¿Cuál es el objetivo principal de la preparación de pedidos en lotes?**

a) Maximizar la eficiencia del proceso.

b) Minimizar la cantidad de productos en *stock*.

c) Optimizar el transporte.

4.19. **¿Qué es el *cross-docking* en el contexto de la preparación de pedidos?**

a) Almacenamiento temporal de productos en el almacén.

b) Transferencia directa de productos de entrada a salida sin almacenamiento intermedio.

c) Embalaje de productos para su envío.

4.20. **¿Qué tecnología se utiliza comúnmente para automatizar el proceso de preparación de pedidos?**

a) Robots de selección.

b) Etiquetas RFID.

c) *Software* de gestión de almacenes.

4.21. **¿Cuál es una desventaja del transporte aéreo para la distribución de productos?**

a) Alta velocidad de entrega.

b) Costos de envío más altos.

c) Mayor capacidad de carga.

4.22. **¿Qué función tienen los muelles de carga en la distribución de productos?**

a) Almacenar temporalmente productos en tránsito.

b) Facilitar la carga y descarga eficiente de camiones.

c) Controlar el flujo de productos en el almacén.

4.23. **¿Qué es el *last mile delivery* en el contexto del transporte y la distribución física?**

a) Entrega de productos a clientes finales.

b) Transporte de productos desde el fabricante hasta el almacén.

c) Distribución de productos a mayoristas.

4.24. **¿Cuál es una ventaja del transporte marítimo para la distribución de productos a nivel internacional?**

a) Velocidad de entrega rápida.

b) Costos de envío más bajos.

c) Flexibilidad en las rutas de entrega.

4.25. **¿Qué es un centro de distribución?**

a) Un lugar para almacenar productos durante largos periodos.

b) Una instalación para recopilar, almacenar y redistribuir productos a clientes.

c) Un punto de venta minorista.

5

Costos de almacenamiento

En esta Unidad 5, analizamos los costos asociados con el almacenamiento de productos, incluyendo el costo de mantener inventario en el almacén y los costos relacionados con la realización de pedidos. Exploramos las diversas estrategias para optimizar estos costos y maximizar la eficiencia operativa en la gestión de inventario y almacenamiento.

En esta unidad, exploraremos en detalle los costos asociados con el almacenamiento de productos y la gestión de inventarios en un almacén.

Es fundamental comprender y gestionar estos costos de manera efectiva para garantizar la rentabilidad y la eficiencia operativa en la cadena de suministro.

5.1. Costo de almacenamiento

El costo de almacenamiento comprende una serie de gastos relacionados con la conservación de productos en un almacén. Pasamos a detallar los más importantes en la cuenta de explotación y eficiencia de la misma:

- Alquiler o propiedad del espacio de almacenamiento

  El costo asociado con el alquiler o la propiedad del espacio de almacenamiento varía según la ubicación, tamaño y facilidades del almacén. Las ubicaciones urbanas suelen tener costos más altos, mientras que los almacenes en áreas remotas pueden ser más económicos. El tamaño del almacén también influye en este costo.

- Gastos de mantenimiento

  Incluyen reparaciones, limpieza, iluminación y climatización del almacén. Mantener un entorno adecuado para la conservación de productos es esencial, pero implica costos adicionales que deben ser considerados.

- Seguros

  Es necesario asegurar los productos almacenados contra riesgos como robo, incendio o daños durante el transporte. Los costos de seguro varían según el tipo y valor de los productos almacenados, así como la ubicación del almacén y los riesgos asociados.

- Mano de obra

  Incluye los costos asociados con la recepción, etiquetado, inspección y ubicación de productos en el almacén. La eficiencia en estas operaciones puede influir en los costos generales, por lo que es importante optimizar los procesos y capacitar al personal adecuadamente.

- Seguridad

  Incluye la instalación y mantenimiento de sistemas de vigilancia y alarmas para proteger los productos almacenados contra robos y otros riesgos. Además, muchos almacenes poseen garita de seguridad en el exterior para dar paso a visitantes, trabajadores y camioneros además de vigilar los exteriores cuando no hay nadie trabajando.

Es fundamental calcular y monitorear de cerca estos costos para identificar áreas de mejora y reducir los gastos innecesarios, lo que puede lograrse mediante la implementación de estrategias como la optimización del espacio de almacenamiento, la automatización de procesos y la negociación de tarifas más favorables con proveedores y arrendadores de manera anual o bianual.

5.2. Costo del pedido

El costo de pedido se refiere a los gastos asociados a la preparación de un pedido. Estos gastos tienen que estar perfectamente calculados para ofrecer tarifas rentables para la empresa. Si calculas por debajo, el coste que te va a costar preparar un pedido y no lo repercutes en el precio de venta, terminarás teniendo más gastos que beneficios y no será rentable la operativa logística.

Pasaremos a detallar los gastos principales y de mayor peso, a la hora de calcular los costes asociados a la preparación de un pedido.

- Costo de procesamiento del pedido

  Incluye los gastos asociados con la recepción, registro y procesamiento de pedidos, así como la comunicación con proveedores y clientes. Este costo puede variar según la complejidad del pedido y el tiempo necesario para completar el proceso. Para calcular estos costes, se debe controlar de manera exhaustiva el tiempo que conlleva a cada empleado realizar un proceso para transformar dicho tiempo en precio.

- Costo de preparación del pedido

  Involucra los gastos relacionados con la selección, embalaje y etiquetado de los productos para su envío. La eficiencia en estas operaciones puede influir en el costo total del pedido, por lo que es importante optimizar los procesos y minimizar el tiempo dedicado a estas tareas.

- Costo de transporte

  Incluye los gastos asociados con el envío de los productos desde el almacén hasta el cliente final. Este costo puede variar según la distancia, el peso y el volumen de los productos, así como el método de transporte utilizado (por ejemplo, terrestre, marítimo, aéreo).

- Costo de inventario

  Involucra los costos asociados con el mantenimiento de inventario necesario para cumplir con los pedidos. Esto incluye el costo de almacenamiento, seguro, obsolescencia y deterioro de los productos en *stock*.

- Costo de devolución

   Incluye los gastos asociados con la devolución de productos por parte de los clientes, como el procesamiento de devoluciones, el transporte inverso y el manejo de productos devueltos. Este costo puede surgir debido a errores en el pedido, productos dañados o insatisfacción del cliente.

Un factor clave que influye en el costo de pedido es el tamaño y la frecuencia de los pedidos, ya que los pedidos más pequeños y frecuentes tienden a generar mayores costos unitarios en comparación con los pedidos grandes y menos frecuentes.

Por lo tanto, es importante optimizar el proceso de pedido mediante la consolidación de pedidos siempre que sea posible, la implementación de sistemas de gestión de pedidos eficientes y la coordinación efectiva con proveedores y transportistas. Además, la automatización de procesos puede ayudar a reducir los costos de mano de obra y mejorar la precisión y eficiencia del procesamiento de pedidos.

RESUMEN

En resumen, en la Unidad 5 hemos estudiado los costos asociados con el almacenamiento y con los pedidos. Se analizan los costos de almacenamiento, que incluyen el mantenimiento del inventario, el espacio de almacenamiento y la gestión del inventario. Además, se consideran los costos del pedido, que comprenden el procesamiento, preparación, transporte, inventario y devolución de los productos.

ACTIVIDADES FINALES

TEST DE EVALUACIÓN

5.1. ¿Qué representa el costo de almacenamiento en logística?

a) El costo de adquirir nuevos productos.

b) El costo de mantener productos en inventario.

c) El costo de transporte de productos.

5.2. ¿Qué incluye el costo de almacenamiento?

a) Solo el costo de adquisición de productos.

b) Costos asociados con la gestión y mantenimiento de inventario.

c) Costos de transporte de productos.

5.3. ¿Qué es el costo de pedido?

a) El costo de almacenar productos en el almacén.

b) El costo asociado con realizar un pedido de reaprovisionamiento.

c) El costo de transporte de productos al cliente.

5.4. ¿Cuál es uno de los objetivos de minimizar el costo de almacenamiento?

a) Maximizar la eficiencia operativa.

b) Aumentar el tamaño del almacén.

c) Reducir la cantidad de productos en inventario.

5.5. ¿Qué estrategia puede ayudar a reducir el costo de pedido?

a) Aumentar la cantidad de productos pedidos.

b) Reducir la frecuencia de los pedidos.

c) Utilizar servicios de envío más caros.

5.6. ¿Cuál es una desventaja de reducir el costo de almacenamiento al mínimo?

a) Mayor eficiencia operativa.

b) Mayor riesgo de escasez de productos.

c) Reducción de costos de transporte.

5.7. ¿Qué implica el costo de almacenamiento en términos financieros?

a) Ingresos generados por la venta de productos.

b) Gastos asociados con mantener productos en inventario.

c) Costos de publicidad y *marketing*.

5.8. ¿Qué es el costo de pedido en relación con el inventario?

a) Costo de transporte de productos al almacén.

b) Costo asociado con realizar un pedido de reaprovisionamiento.

c) Costo de almacenar productos en el almacén.

5.9. ¿Qué estrategia puede ayudar a reducir el costo de pedido?

a) Aumentar la frecuencia de los pedidos.

b) Utilizar proveedores más caros.

c) Realizar pedidos de mayor volumen.

5.10. ¿Qué se incluye en el cálculo del costo de almacenamiento?

a) Solo los costos de transporte.

b) Costos asociados con mantener productos en inventario.

c) Costos de *marketing* y publicidad.

5.11. ¿Qué se considera al calcular el costo de pedido?

a) Costos de almacenamiento.

b) Costos asociados con realizar un pedido de reaprovisionamiento.

c) Ingresos generados por la venta de productos.

5.12. ¿Cuál es uno de los objetivos al minimizar el costo de pedido?

a) Reducir la eficiencia operativa.

b) Minimizar los gastos asociados con realizar un pedido.

c) Aumentar la cantidad de productos en inventario.

5.13. ¿Qué puede ayudar a reducir el costo de almacenamiento?

a) Mantener altos niveles de inventario.

b) Utilizar estrategias de gestión de inventario eficientes.

c) Aumentar la frecuencia de los pedidos.

5.14. ¿Qué es el costo de pedido en logística?

a) El costo de almacenar productos en el almacén.

b) El costo asociado con realizar un pedido de reaprovisionamiento.

c) El costo de transporte de productos al cliente.

5.15. ¿Por qué es importante minimizar el costo de almacenamiento en logística?

a) Para aumentar la cantidad de productos en inventario.

b) Para reducir los gastos asociados con mantener productos en inventario.

c) Para aumentar los costos de transporte.

5.16. **¿Qué estrategia puede ayudar a reducir el costo de pedido?**

a) Realizar pedidos más pequeños con mayor frecuencia.

b) Realizar pedidos de mayor volumen con menor frecuencia.

c) Utilizar servicios de envío más caros.

5.17. **¿Qué implica el costo de almacenamiento en términos operativos?**

a) Gastos asociados con realizar un pedido de reaprovisionamiento.

b) Costos de mantenimiento y almacenamiento de productos en inventario.

c) Ingresos generados por la venta de productos.

5.18. **¿Qué se incluye en el costo de almacenamiento en logística?**

a) Solo los costos de transporte.

b) Costos asociados con mantener productos en inventario.

c) Costos de publicidad y *marketing*.

5.19. **¿Cuál es uno de los objetivos al minimizar el costo de pedido?**

a) Maximizar los gastos asociados con realizar un pedido.

b) Reducir la eficiencia operativa.

c) Minimizar los costos asociados con realizar un pedido.

5.20. **¿Qué se considera al calcular el costo de pedido?**

a) Costos de almacenamiento.

b) Costos asociados con realizar un pedido de reaprovisionamiento.

c) Ingresos generados por la venta de productos.

5.21. **¿Cuál es uno de los objetivos al minimizar el costo de almacenamiento?**

a) Aumentar la cantidad de productos en inventario.

b) Reducir los gastos asociados con mantener productos en inventario.

c) Aumentar los costos de transporte.

5.22. **¿Qué puede ayudar a reducir el costo de pedido?**

a) Realizar pedidos más pequeños con mayor frecuencia.

b) Utilizar proveedores más caros.

c) Realizar pedidos de mayor volumen con menor frecuencia.

5.23. **¿Qué es el costo de almacenamiento en logística?**

a) El costo de transporte de productos al cliente.

b) El costo asociado con mantener productos en inventario.

c) El costo de almacenar productos en el almacén.

5.24. **¿Qué estrategia puede ayudar a reducir el costo de almacenamiento?**

    a) Aumentar la frecuencia de los pedidos.

    b) Utilizar estrategias de gestión de inventario eficientes.

    c) Mantener altos niveles de inventario.

5.25. **¿Por qué es importante minimizar el costo de pedido en logística?**

    a) Para aumentar la eficiencia operativa.

    b) Para reducir los gastos asociados con realizar un pedido.

    c) Para aumentar los costos de almacenamiento.

Bibliografía

Fernández, Carlos, *Almacenes inteligentes: optimización de procesos y tecnología*, 2.ª edición. Editorial McGraw-Hill, 2022.

García, Juan, Logística integral: gestión, almacenaje y distribución, 3.ª edición, Editorial Díaz de Santos, 2023.

Martínez, Laura, *Gestión de almacenes: estrategias y prácticas efectivas*, 2.ª edición, Ediciones Deusto, 2022.

Pérez, Antonio, *Logística y gestión de almacenes: teoría y práctica*, Editorial Pirámide, 2024.

Sánchez, María, *Innovación en la gestión logística: tendencias y herramientas*, 2.ª edición, Ediciones Profit, 2023.